팔레스티나에서 세계로

팔레스티나에서 세계로
ⓒ 박태식 2019

초판 1쇄	2019년 2월 22일		
지은이	박태식		
출판책임	박성규	펴낸이	이정원
편집주간	선우미정	펴낸곳	도서출판 들녘
디자인진행	김정호	등록일자	1987년 12월 12일
편집	박세중·이동하·이수연	등록번호	10-156
디자인	조미경·김원중	주소	경기도 파주시 회동길 198
기획마케팅	나다연	전화	031-955-7374 (대표)
영업	이광호		031-955-7381 (편집)
경영지원	김은주·장경선	팩스	031-955-7393
제작관리	구법모	이메일	dulnyouk@dulnyouk.co.kr
물류관리	엄철용	홈페이지	www.dulnyouk.co.kr
ISBN	979-11-5925-389-8 (03230)	CIP	2019003690

이 도서의 국립중앙도서관 출판예정도서목록(CIP)은 서지정보유통지원시스템 홈페이지(http://seoji.nl.go.kr)와 국가자료공동목록시스템(http://www.nl.go.kr/kolisnet)에서 이용하실 수 있습니다.

값은 뒤표지에 있습니다. 잘못된 책은 구입하신 곳에서 바꿔드립니다.

팔레스티나에서 세계로

박태식 지음

들녘

저자의 말

나라마다 사건을 기억하는 방식이 다른 것 같다. 일례로 독일 사람들은 아무리 작은 모임에서도 꼭 '프로토콜Protokoll'을 작성한다. 우리말의 '기록' 정도로 번역할 수 있는데, 모임을 시작할라치면 우선 서기를 지명해 프로토콜을 쓰게 하고 모임 후에는 공개적으로 읽게 해 사실관계를 수정한다. 아무래도 일찌감치 인간이 갖는 기억력의 한계를 깨달아 이런 관행이 자리 잡았을 텐데 처음 유학길에 올랐던 80년대 중반만 해도 내게는 이런 문화가 낯설었다. 우리나라에서는 도통 겪지 못했던 일이어서다.

기록 문화의 장점은 후에 딴소리를 못하게 만드는 데 있다. 모든 참석자가 확인한 기록이 엄연히 살아 있는데 거짓말을 할 수 없는 노릇이다. 심지어 요즘에는 관공서에 뭔가 문의할 때조차 "녹음을 하겠습니다"라는 멘트를 듣게 된다. 절로 조심하게 된 배경이다. 하지만 정확한 기록에 장점만 있는 것은 아니다. 문자 기록으로는 내밀한 차원의 생각과 말과 감정을 절절하게 표현하긴 부족하니 아무래도 문학적인 상상력이 필요하다. 독일에 비해 우리는 사람의 기억에 관대한 편이라 어르신의 말씀에 의존해 과거사를 엮고 집안 내력을 정리하고 인물평을 내리기 십상이다. 이런 경우 사실 전달의 중요성은 대폭 줄어들기 마련이다.

교회는 과연 예수님에 대해 얼마나 사실 그대로 기록했을까? 그리고 기록된 사실들 사이에 벌어진 틈을 어떤 상상력으로 메웠을까? 이 책에서는 두 측면 모두 아우를 작정이다.

예수와 교회 사이에 놓인 연속성을 염두에 두고 책 제목을 '팔레스티나에서 세계로'라 붙였다. 팔레스티나는 이스라엘 땅의 옛 이름으로 하드리아누스 황제 때부터 공식 명칭으로 자리 잡았다. 기원후 135년의 일이다. 또한 책을 쓰면서 항목들을 잘게 나누고 주를 달지 않으려 노력했는데, 이는 독자들이 편하게 다가오길 바라서다. 실제로 필자의 강의록과 여기저기 발표한 내용들을 재차, 삼차 다듬은 글들이니 스스로 검증을 거쳤다고 할 수 있겠다. 앞으로 같은 성격의 책을 몇 권 더 내볼 생각이다.

예수님이 오랜만에 고향을 찾아와 이전에 늘 그랬듯 회당에 들러 안식일 집회에 참석했다(마르 6,1-3). 아마 그 자리에 모였던 나사렛 사람들은 예수님을 평소와 다른 눈길로 바라보았을 것이다. 별난 사람 예수는 고향을 떠나 오랫동안 객지 생활을 했는데 간간이 들려오는 말에 따르면 이스라엘 전역에서 꽤나 이름을 날린다고 했다. 지혜의 예언자이자 기적 능력의 소유자라는 소문이었다. 그러나 변하지 않은 것도 있었다. 예수님의 외양도 그러려니와 마리아와 요셉의 아들임도 여전했다. 요셉은 장인으로서 생계를 이어가고 형제와 자매들도 여기 나사렛에 머물며 어제와 오늘이 다르지 않은 삶을 살고 있었다. 예수님이 고향에 돌아와 회당 예배에 참석했던 날, 틀림없이 무엇인가 평소와 다른 팽팽한 긴장감이 회당을 지배했을 것이다. 이제 곧 저 양반이 입을 열 텐데…. 독자 여러분이 책에서 그 비슷한 긴장감을 조금이라도 발견한다면 더할 나위 없이 보람을 느낄 것이다.

부족한 책의 출판을 흔쾌히 허락해준 들녘출판사에 감사드린다. 들녘이 있는 한 인문학의 위기는 없다.

2019년 2월

박태식 손모음

성서 약어표

〈구약〉

창세기 ⇨ 창세
출애굽기 ⇨ 출애
레위기 ⇨ 레위
민수기 ⇨ 민수
신명기 ⇨ 신명
여호수아서 ⇨ 여호
사무엘서 상권 ⇨ 1사무
사무엘서 하권 ⇨ 2사무
열왕기 상권 ⇨ 1열왕
열왕기 하권 ⇨ 2열왕
이사야서 ⇨ 이사
예레미야서 ⇨ 예레
에제키엘서 ⇨ 에제
호세아서 ⇨ 호세

〈신약〉

마태오복음 ⇨ 마태
마르코복음 ⇨ 마르
루카복음 ⇨ 루카
요한복음 ⇨ 요한
사도행전 ⇨ 사도
로마서 ⇨ 로마
코린토전서 ⇨ 1코린
코린토후서 ⇨ 2코린
갈라디아서 ⇨ 갈라
에페소서 ⇨ 에페
필립비서 ⇨ 필립
골로사이서 ⇨ 골로
테살로니카전서 ⇨ 1테살
테살로니카후서 ⇨ 2테살
티모테오전서 ⇨ 1티모
티모테오후서 ⇨ 2티모

디도서 ⇨ 디도
필레몬서 ⇨ 필레
히브리서 ⇨ 히브
야고보서 ⇨ 야고
베드로전서 ⇨ 1베드
베드로후서 ⇨ 2베드
요한1서 ⇨ 1요한
요한2서 ⇨ 2요한
요한3서 ⇨ 3요한
유다서 ⇨ 유다
요한묵시록 ⇨ 묵시

일러두기

* 성서본문은 『성경』(한국가톨릭주교회의)과 『200주년 기념성서』(분도출판사)를 따랐으며 필요한 경우 따로 번역했다.
* 헬라어는 음역했지만 필요에 따라 원문과 음역을 병기했다.
* 외국어 병기 및 생몰연대 표기는 꼭 필요한 경우로 제한했다.
* 본문에 언급된 자료 중 단행본은 『 』로, 논문 및 악곡, 미술작품은 「 」로 표기했다.
* 저자 주는 †로, 편집자 주는 ‡로 각각 다르게 표기했다.

차 례

저자의 말 4
성서 약어표와 일러두기 7
프롤로그_세 가지 질문 10

전승과 신학

1. 전승_이는 내 말인데… 19
   다섯 가지 말씀 | 자유 그리스도인
2. 신경信經_신앙의 탄생 31
   다양한 신경들 | 신경과 선포
3. 하느님_어디에 계신가 43
   간디와 바오로와 예수 | 아빠, 아버지 | 하느님은 어디 계신가?
4. 성령_무슨 일을 하나요 55
   루카복음 | 요한복음 | 바오로서신 | 예수, 교회, 성령
5. 부활_확실합니다 67
   부활에 대한 질문들 | 인자人子 신앙의 탄생 | 종말과 부활
6. 현재_인생 성적표 81
   부활은 현재의 사건 | 요한과 마르코와 바오로 | 다시 렘브란트로
7. 믿음_믿으면 다 되나요 92
   바오로와 야고보 | 다른 목소리들

관습과 윤리

8. 음식_개인인가 공동체인가 105
   깨끗한 것과 깨끗하지 않은 것 | 공동체를 위하여 | 사람인가 공동체인가
9. 경제_최고의 경제학자 예수 116
   사유재산권의 포기 | 소유 공동체 | 다시 최순실

10. 동성애_감자가 뜨거워요　128
    바오로의 견해 | 예수의 견해 | 우리 시대의 창조 섭리
11. 율법_율법이여 안녕　138
    예수와 바오로의 율법 이해 | 율법의 끝
12. 자유_예수, 자유의 수여자　149
    예수가 선사한 자유 | 바오로의 자유 | 목표에서 과정으로
13. 평화_그런 평화는 없다　162
    예수와 바오로의 평화 | 제국의 평화, 교회의 평화

제도와 사람

14. 성사_만찬례의 발견　177
    최후의 만찬 | 요한, 마르코, 바오로, 루카, 마태오
15. 권위_어깨에서 힘 좀 빼세요　190
    권위주의여 안녕 | 사도권 논쟁
16. 계급_문화에서 소외된 이들　201
    의식주의 소유 | 문자의 소유 | 계급의식의 전복
17. 국가_예수의 정치적 선택　212
    교활한 여우 | 로마에 순종하시오 | 멈추지 않을 것이다
18. 사람_한 사람도 버리지 않습니다　227
    같은 정신으로, 같은 영 안에서 | 다른 정신으로 | 포기하지 마시오
19. 여성_언제까지 뒤에 있어야 하나요　238
    예수 주변의 여인들 | 여성이 성직에 오를 수 있는가?
20. 평등_교회의 민주화　249
    예수의 파격적 가르침 | 바오로의 공동체

에필로그_바오로는 그리스도교 역사에 주어진 선물이다　262
지도 보기　267
　신약시대의 이스라엘 | 예수시대의 팔레스티나 | 바오로의 선교지

프롤로그

세 가지 질문

19세기 들어 성서 연구에 새로운 전기가 마련됐다. 계몽주의, 과학주의 등 시대사조와 맥을 같이해 합리적으로 이성을 활용하는 데 더 이상 겁을 내지 않게 되면서다. 특히, 성서가 다양한 문학 층으로 이루어졌다는 사실을 발견하면서 복음서 연구가 진일보하기에 이른다. 19세기 후반에 불붙은 복음서 연구는 20세기 초반까지 활발하게 진행되었다. 전승사비평이니 출전비평이니 양식비평이니 하는 연구 방법론들이 등장한 시기다. 그러나 두 번의 세계대전을 겪으면서 또 하나의 중요한 방법론이 등장했는데 바로 편집비평이다. 앞의 방법들이 예수의 역사적 기원을 좇는 게 목적이라면 편집비평은 교회로 내려온 예수전승들이 어떻게 모양새를 갖춰 신앙으로 자리 잡았는지 따진다. 다른 말로, 예수 연구에서 교회 연구로 확장된 것이다.

교회가 처음 자리 잡던 시절에 관심이 집중되면서 필연적으로 주어진 질문은 "역사의 예수가 베푼 가르침을 교회가 제대로 이어받았는가?"였다. 그리고 질문의 양상이 점점 더 복잡해지고 지독해지더니 지금은 아예 예수와 교회는 무관하다, 혹은 예수의 숭고한 가르침을 바오로가 망가뜨리고 말았다는 식의 주장까지 나오는 실정이다. 식자우환識字憂患이라는 사자성어가 절로 떠오르는 대목이다. 추측하건대 지난 이천 년간 교회가 예수의 이름으로 저지른 온갖 잘못을 인식한 때문일 테고, 오늘날 한국교회에서 발견되는 넋 나간 모습들에 치가 떨려서일 것이다. 그 점은 십분 동감한다. 하지만 필자의 생각은 다르다.

이 책은 예수의 가르침이 최초의 교회, 곧 1세기 교회로 어떻게 전달되었는지 밝히는 데 무게를 둔다. 그 이후는 교회사 분야가 알아서 할 일이다. 여기서 반드시 고려할 점은 예수가 처음 '하느님 나라'를 선포했던 땅과 유랑 전도사들이 복음을 전파했던 땅이 인종, 문화, 언어, 경제, 철학, 종교 등 모든 점에서 달랐다는 사실이다. 그중에서도 사고방식의 차이로 인해 발생하는 문제는 정말 심각했다. 직관적이고 통합적인 히브리 사고와 합리적이고 분석적인 헬라 사고가 곳곳에서 마찰을 일으켰기 때문이다.

교회가 예수의 가르침을 왜곡 없이 전달할 수 있었을까? 이 책에서 제기하는 첫 번째 질문이다.

모든 인간은 과거의 기억을 갖는다. 자신이 직접 경험한 경우도 있지만 자신이 그 당시에 살지 않았더라도 여러 경로를 통해 과거를 떠올릴 수 있다. 각종 문헌 자료라든가, 구두로 전달된 역사라든가, 심지어 설화나 신화 등 정확한 사실과 거리를 둔 이야기를 통해서도 가능하다. 요즘에는 시청각 자료들까지 더해져 과거를 접하기 훨씬 쉬워졌다.

합리주의에 근거한 지성이 꽃을 피웠던 19세기 말 유럽에서 과거를 바라보는 중요한 기준은 가능한 한 감정이입을 하지 않은 채 과거를 기억해내는 것이었다. 그래서 사건이 벌어졌던 당시, 그 주변 세계의 사회, 언어, 철학, 종교 등을 치밀하게 교차 점검하여 사건의 원래 모습을 재구성하려 노력했다. 이른바 '역사비평 연구 방법historisch-kritische Forschungsmethode'이 과거를 객관적으로 밝혀내는 중요 도구였다. 하지만 여기에도 함정이 도사리고 있는데, 과거를 아무리 객관적으로 밝혀내려 노력한들 여전히 연구자의 주관이 들어가게 된다는 점이다.

과거의 어떤 사건도 저절로 기억되지 않는다. 우선 후대 연구자들이 선택적으로 기억해내는 과정이 필요하고 이렇게 기억해낸 과거를 분석하여 활성화시키면, 그때서야 비로소 과거가 힘을 갖기 시작한다. 사실 이 정도면 거의 잊혔던 역사까지 살려내 죽은 자의 목소리도 들을 수 있을지 모른다. 저명한 독일의 문화평론가인 발터 벤야민(1892~1940)은 '기억'에 대한 정의를 내리면서 "아직 변제되지 못한 과거의 요구들, 지나간 세대들의 희생과 패배와 절망을 현재에 변제, 이행, 성취해야 한다는 과제와 그 과제를 이루어낼 힘이 우리에게 주어져 있다"(『발터 벤야민의 기억의 정치학』 최성만 지음, 도서출판 길, 2014, 383~384)고 했다.

벤야민의 주장처럼 실현되지 못한 과거의 가능성과 소망을 현재로 끌어들이려면 반드시 과거를 기억해내야 한다. 여기서 기억Eindenken해내야 할 과거는 한때 이사야 예언자가 부르짖었으나 아직 실현되지 않은 심판이고, 한때 모세가 법으로 제정했으나 아직 구현되지 않은 정의이며, 태초에 하느님이 세운 천지가 망가진 후 아직 회복되지 못한 창조 질서다. 바로 예수가 담아내려 했던 '하느님 나라'다. 예수는 그런 과거를 선택해 제자들에게 다짐함으로써 현재 성취해야 할 기억임을 분명히 했고 1세기 교회에도 같은 사명이 주어졌다.

교회는 예수가 던져준 '하느님 나라'의 정신을 올바르게 받아냈을까? 이 책이 갖는 두 번째 질문이다.

마르틴 하이데거(1889~1976)는 철학이 관여하는 영역은 사실 증명이 아니라 사실에 대한 해석이라 했다. 이 한마디로 그의 사상적 깊이에 접근하는 것은 불가능하나 적어도 철학과 과학의 영역을 구분해준 데 감사할 수는 있다. 필자는 올해로 신약성서에 관심을 가진 지 37년이 되었다. 갓 제대해 신약성서학을 전공하려 마음먹은 시점이 그렇다는 것이다. 신약성서학을 공부하면서 점점 더 분명해지는 생각이 하나 있다. 비록 27권 모두 예수 이야기를 담고 있지만 그분을 바라보는 시각은 다 다르고 그 차이를 연구하는 게 종종 역사의 예수 공부보다 재미있다는 점이다.

왜 이렇게들 입장이 다르고 왜 그렇게들 설명 방식이 다를까? 그렇다면 예수를 이어받은 게 아니라 27권 작가들(혹은 공동체들)이 내린 해석의 정당성을 주장하고 이를 통해 자신들의 입지를 튼튼히 만들려는 의도가 있지는 않았을까? 그리 보면 신약성서란 단지 1세기 교회의 역사를 담고 있는 책일 뿐이며, 이런 사고를 줄기차게 밀어붙이면 결국 역사의 예수와 1세기 교회 사이의 연속성은 느슨해진다. 또한 해석의 차이가 입장의 차이를 불러오고 그 결과 상대를 폄훼하거나 공격하는 경우가 생길 수도 있다. 하지만 다양한 해석이 오히려 사건을 깊이 바라보게 유도하고 풍요로운 사고를 선사한다는 사실을 간과해선 안 된다.

로마서 8장 1-11절에서 바오로는 자신의 해석 능력으로 성령이 갖는 위대한 변화의 힘을 생동감 넘치게 표현한다. 성령은 육체에 따른 과거의 생활 방식을 깨뜨리고 이제 신앙인은 성령에 따라 새로운 생활 방식으로 살 수 있게 된다. 육신의 삶은 죽음과 하느님에 대한 적개심과 하느님의 진노를 가져오지만 성령에 따르는 삶은 오히려 생명과 평화를 가져온다. 그리스도인은 성령에 따라 산다. 그들은 자아, 아집, 자기주장, 행위 등 하느님께 속하지 않는 것을 추구하는 과거의 삶을 포기한다(7절). 비록 우리가 아직 완성되지 못한 세상에서 살고 있을지라도 새로운 생활과 우리를 향한 하느님의 의로움을 지금 앞당겨 경험할 수 있으며(10절), 다른 한편 우리는 부활한 그리스도에 의존해 죽을 운명의 육신에 주어질 생명의 충만함을 기다린다(11절). 성령은 생명과 평화가 넘치는 새로운 삶을 약속한다(6절).

여기서 우리는 세 번째 질문과 만난다. 교회는 예수의 가르침을 어떻게 활용했을까?

예수와 교회의 연속성! 이 연속성에 대해 기술적인 측면에서 던진 것이 첫 번째 질문이라면 두 번째 질문은 내용 이해의 차원에서 전개한 것이고 세 번째 질문은 연속성이 갖는 효력의 범주에서 제기한 것이다. 각각의 질문이 갖는 맥락을 감안하면서 책을 읽어주기 바란다.

전승과 신학

1.

전승

이는 내 말인데…

바오로는 역사의 예수를 만나본 적이 없다. 그저 하느님의 계시를 통해 신비한 방법으로 부활 예수와 만났을 뿐이다(갈라 1,15). 상황이 이렇다 보니 그가 예수의 구체적인 가르침을 일일이 접할 기회를 가질 수 없었던 게 분명하다. 그런데 바오로의 편지들을 읽어보면 예수의 가르침에 전혀 문외한이 아니라는 사실이 자연스럽게 다가온다. 도대체 어떤 과정을 거쳐 바오로는 예수의 가르침을 접했을까?

바오로는 자신의 편지에서 모두 다섯 번 예수의 말씀을 가져온다. 물론 직접 인용은 아니고 "이것은 주님의 말씀인데"라는 식의 표현을 사용하기는 한다. 아무래도 직접 만나 뵌 적이 없으니 이런 표현을 사용했을 것이다. 그런데 신기한 점은 바오로의 인용문 모두에서 예수의 말씀과 상통하는 근거를 찾아낼 수 있다는 사실이다.

한 가지씩 살펴보자.

다섯 가지 말씀

바오로는 결혼한 부부에게 두 가지 충고를 한다. 하나는, 아내는 남편과 헤어지지 말 일이며, 다른 하나는, 남편이 아내를 버려서는 안 된다는 것이다.

> 이미 결혼한 이들에게 명령합니다. 내가 아니라 주님께서 명령하십니다. 아내는 남편과 헤어지지 마시오. 혹시 이미 헤어졌더라도 재혼하지 말고 그대로 남아 있거나 남편과 화해하도록 하시오. 그리고 남편은 아내를 버리지 마시오(1코린 7, 10-11).

비록 두 경우긴 하지만 이는 결국 결혼한 부부가 이혼하면 안 된다는 예수의 말씀을 둘로 풀어 말한 데 불과하다. 이혼은 불가한 것이다. 이혼 불가라는 입장은 바오로 스스로 밝혔듯이 예수에게서 온 것임이 틀림없다. 복음서에 보면 예수도 여러 차례 이혼 불가 입장을 밝힌 바 있는데(마태 5,31-32; 마르 10,1-12; 루카 16,18), 이는 전적으로 하느님의 창조 섭리(창세 1-2장)에 기인한다.

창세기에 따르면 하느님은 남성과 여성을 만드셨고 결혼을 통해 하나가 된다. "하느님께서는 이렇게 당신의 모습으로 사람을 창조하셨다. 하느님의 모습으로 사람을 창조하시되 남자와 여자로 그들을 창조하셨다. 그러므로 남자는 아버지와 어머니를 떠나 아내와 결합하여, 둘이 한 몸이 된다"(1,27; 2,24). 그리고 마르코 복음서에서 예수는 이렇게 말한다. "하느님께서는 창조의 시초부터 그들을 남성과 여성으로 만드셨습니다. 이 때문에 사람이 자기 아버지와 어머니를 떠나 그 둘은 한 몸이 될 것입니다. 따라서 그들은 이미 둘이 아니고 한 몸입니다. 그러므로 하느님이 짝지어주신 것을 사람이 갈라놓아서는 안 됩니다"(10,6-9). 그러니까 결코 이혼해서는 안 된다.

이와 관련해 흥미로운 곳은 바오로가 주님의 말씀을 정리한 데 이어 자신의 입장을 밝히는 대목이다. "그 밖의 사람들에게는 주님이 아니라 내가 말합니다"(12절). 바오로는 이처럼 주님의 말씀에 예외 규정을 언급하는데 만일 그리스도인이 아닌 배우자가 갈라설 것을 요구하면 이혼을 해주라는 것이다(13-16절). 당시 바오로와 근거리에서 살아본 적은 없지만 이유는 대충 짐작이 간다. 코린토 교회의 교인들 중 누군가가 바오로에게 난감한 경우를 제보했을 텐데 신앙적인 문제로 도저히 같이 살 수 없는 경우였을 것이다. 이를테면 아내가 교회에 빠져 가정을 소홀히 했기에 남편이 이혼을 요구했던 것은 아닐까? 요즘도 그런 문제가 종종 터지지 않는가? 코린토 1서 7장 12-16절에서 바오로는 코린토 교회의 청에 구체적인 답을 했다.

주님께서는 복음을 전파하는 이들에게 지시하여 복음으로 살아가도록 하셨습니다(1코린 9,14).

바오로는 자기가 수행하는 사도직의 성격을 규명하기 위해 코린토 1서 9장에서 장광설을 늘어놓는다. 여기서 바오로 고유의 중요한 원칙이 하나 밝혀지는데 바로 자급선교[†]다. 그는 논리를 펼쳐나가던 중 복음을 전하는 유랑 전도사가 대가를 받는 게 당연하다는 말을 했고(13-14절), 그에 대한 복음서의 근거가 루카 10,7(마태 10,10)에 나온다. 예수가 복음 전도의 사명을 주어 제자들을 파견하면서 한 이른바 '파견 설교'(루카 10,1-12)에 들어 있는 말씀이다. "사실 일꾼은 마땅히 제 품삯을 받을 만합니다." 이 말씀에 따라 당시의 유랑 전도사들은 복음 전파의 대가를 받았을 가능성이 높다. 심지어 예수의 수제자이자 1세기 교회의 수장이었던 베드로마저 대가를 받는 데 망설임이 없었던 것으로 보인다.

코린토 1서 9장 4-6절에 보면 바오로는 베드로를 비난한다. "우리는 먹고 마실 권리가 없습니까? 우리는 다른 사도들이나 주님의 형제들이나 그리고 케파처럼 어떤 교우 자매를 아내로 거느릴 권리가 없습니까? 나와 바르나바만이 일하지 않아도 되는 권리가 없다는 말입니까?" 틀림없이 베드로가 부인과 함께 코린토 교회를 사목 방문한 일

[†] 복음을 전하면서 스스로 생계비와 선교비를 마련하는 것으로 '자립선교'라고도 한다. 개신교에서는 자비량(自備糧)선교라는 말을 사용한다.

이 있었고 그 과정에서 교회의 신세를 졌을 텐데, 이 소식을 들은 바오로가 한 말이다. 그는 내심 다음과 같이 말하고 싶었을 것이다. '코린토 교우들은 대가 문제에 특히 예민합니다(2코린 12,16-20 참조). 그래서 내가 자급선교의 원칙을 세웠던 것인데 교회의 수장이라는 양반이 방문해서 어찌 이렇게 분위기를 망쳐버릴 수 있습니까?' 베드로에 대한 원망을 충분히 짐작할 수 있는 대목이다.

그렇다면 주님이 허락했는데도 왜 바오로는 자급선교의 길을 택했을까(1코린 9,11-18;1데살 2,9-10)? 추측컨대 대가 때문에 발생하는 잡음을 원치 않아서였을 것이다. 사실 바오로가 데살로니카에 머물던 51-52년경만 해도 교회 사정에 따라 대가를 받을 수도, 안 받을 수도 있는 유동적인 입장을 취했다(필립 4,16 참조). 그러나 세월이 지나자 교회 신세를 절대 지지 않는 쪽으로 입장을 선회하고 말았다. 코린토 전서를 쓴 때가 55년경이라는 사실을 감안하면 불과 3-4년 사이에 바오로가 대가 문제로 혹독한 체험을 했을 것이다. 예나 이제나 그저 돈이 원수다.

대가 문제에 예민했던 바오로가 자급선교의 원칙을 세운 것은 물론 이해할 만하고 바람직한 처사다. 하지만 중요한 문제는 예수의 말씀을 자신이 세운 잣대에 맞춰 해석했다는 데 있다. 말하자면 1세기 교회에서 자연스럽게 통용되던 관례(베드로를 보시오!)를 깬 것으로 사도직의 기본 질서를 흐트러뜨리는 결과를 가져오고 말았다. 다른 사도들로부터 바오로에게 쏟아졌던 비난이 귀에 들리는 듯하다. '이 보시오, 바오로. 당신만 그렇게 튀면 우리는 무슨 꼴이 됩니까? 이런 식으로 위화감을 조성하면 사도직 질서를 어떻게 유지할 수 있겠소. 우리는 예수님의 육성을 똑바로 들었습니다. 대가를 받아도 됩니다.'

> 실상 나는 주님으로부터 전해 받은 것을 여러분에게 전해 주었습니다(1코린 11,23).

바오로는 만찬례문(1코린 11,23-25)을 서술하기에 앞서 만찬례문을 예수에게서 직접 전달받았다고 한다. 그런데 같은 장소, 같은 때에 예수가 말씀했던 만찬례문의 내용이 마르코복음서(14,22-25)와 코린토 1서의 것이 무척 다르다. 우리들에게는 물론 코린토 1서의 만찬례문이 익숙한데 매주 미사 때 신부님이 빵을 떼고 잔을 거양하며 읊조리는 본문이기 때문이다. 그렇다면 마르코복음서의 만찬례문은 도대체 무엇이란 말인가? 그 만찬례문도 예수가 최후만찬 자리에서 한 말씀이라면 왜 미사 때 반복하지 않는가?

두 만찬례문은 각각 바오로가 세운 교회와 마르코 공동체에서 드리던 예배에서 통용되던 것들이다. 당시는 아직 교회가 일사불란한 조직을 갖추지 않았고 통일 만찬례문이 없었기에 각각의 교회에 전승으로 내려오는 말씀을 취해 만찬례에 사용했다. 하지만 바오로는 자신이 (유랑 전도사 교육을 통해?) 물려받은 만찬례문이 예수에게서 직접 전해지고 전해 받은 것이라는 데 한 치의 의심도 없었다. 만찬례 전승에 대한 확신이 있었기에 가능한 일이었다.

다음으로 바오로가 하필이면 이곳에 만찬례문을 인용한 이유를 알아보자. 코린토 교회의 구성원들은 다양해서 그 안에 귀족도 있었지만 노예도 있었기에 토요일 저녁 주님의 만찬에 출석하는 시간이 각각 다를 수밖에 없었다. 높으신 분들은 초저녁부터 교회에 왔겠지만 신세 처량한 노예들은 주인이 잠자리에 든 후에나 겨우 올 수 있었을 것이다. 코린토 교회에서는 각자 먹을 것을 가져와 나눠 먹는 애찬(아가페 식사)시간이 있었는데 노예들을 기다리다 못해 귀족들이 미리 술과 음식을 다 먹어버렸다. 그러니 교회에서 요기를 해결하려던 노예들은 배를 곯을 수밖에 없었다. "여러분은 먹고 마실 집도 없다는 말입니까? 아니면 하느님의 교회를 얕보며 없는 사람들을 부끄럽게 하려는 것입니까?"(1코린 11,22). 바오로의 비난이 십분 이해간다. 이런 배경에서 우리는 코린토 1서의 만찬례문을 읽어야 한다.

'주님의 만찬'은 미사의 정식 순서였고 '애찬'은 그 전에 이루어진 공동 식사였다. 그런데 마구 먹어 젖히고 술에 취하기까지 해 가진 것 없는 교우들에게 망신을 준 상태로 드리는 미사를 과연 거룩한 미사라고 할 수 있겠는가? "그러니 각 사람은 먼저 자신을 살펴보고 그다음에야 이 빵을 먹고 이 잔을 마시도록 하시오"(1코린 11,28). 바오로의 말에 정신이 번쩍 든다.

누구든지 자기가 예언자라든가 영의 은사를 받은 사람이라고 생각하거든 내가 여러분에게 써 보내는 것을 잘 깨닫도록 하시오. 그것은 곧 주님의 명령이기 때문입니다(1코린 14,37).

바오로는 코린토 교우들에게 하는 주문이 주님의 명령이라는 사실을 강조한다. 이 역시 주님의 권위를 빌려서 하는 간절한 부탁이다. 그런데 난감한 점은 바오로가 구체적으로 어느 대목을 주님의 명령으로 칭했는지 불분명하다는 것이다. 우선 바로 앞의 본문인 34-35절은 교회에서 여성들이 침묵을 지키라는 내용이다. 아마 예배나 회의 시간에 여성이 나서는 것을 막은 듯한데, 입장이 대단히 강경하다. 공개 석상에서 여성이 말하는 것은 금지되며 설혹 궁금한 게 있으면 집에 돌아가 남편에게 물어보라고 한다. 만일 공개적으로 말을 했다면 스스로 부끄러운 줄 알라는 소리다. 이것이 과연 주님의 명령일까? 어림없는 소리다! 역사의 예수 주변에서 얼마나 많은 여인들이 자기 의사를 분명히 표시했는가 말이다.

또 다른 가능성은 "하느님은 무질서의 하느님이 아니라 평화의 하느님이십니다"라는 33절의 내용이다. 이는 예배 중에 여기저기서 영언靈 言(개신교의 방언)이 터지는 바람에 곧잘 질서가 무너지는 현상을 전해 듣고 신랄한 비판(14,26-32)을 한 후에 결론적으로 한 말이다. 특히, '평화의 하느님'이라고 한 대목이 심상치 않다. 요한복음의 이별설교(14-17장)에서 예수는 제자들에게 여러 가지를 신신당부한다. 그중 하나가 제자들 사이의 분열을 경계한 것인데(17장) 바로 그 앞에 다음과 같은 말씀이 나온다. "내가 여러분에게 이런 일들을 말한 것은 여러분이 내 안에서 평화를 얻게 하려는 것입니다. 여러분은 세상에서 환난을 겪겠지만 힘을 내시오. 내가 세상을 이겼습니다"(요한 16,33). '평화의 하느님'이 무엇을 뜻하는지 분명히 알려주는 내용이다. 교회가 분열되어선 안 된다(1테살 5,23 참조).

여성의 침묵일까, 아니면 교회 공동체의 질서일까? 답은 자명하다. 바오로는 예수가 '평화'에 대해 지향했던 바를 알고 있었기에 자신 있게 주님의 명령이라는 어휘를 사용한 것이다.

> 우리는 주님의 말씀에 의거하여 여러분에게 말하거니와, 주님이 내림하실 때까지 남아 있을 우리 산 사람들은 죽은 사람들을 결코 앞지르지 못할 것입니다. 실상 명령이 떨어지고 대천사의 소리와 하느님의 나팔소리가 들릴 때에 주님께서 친히 하늘에서 내려오실 것이며 그리스도 안에서 죽은 이들이 먼저 부활하고 그 다음에야 남아 있는 우리 산 사람들도 그들과 함께 동시에 주님을 마중하기 위해 구름을 타고 공중으로 이끌려갈 것입니다. 그러면 우리는 언제나 주님과 함께 있게 될 것입니다(1테살 4,15-17).

바오로가 세운 테살로니카 교회는 신실한 공동체였다. 그들은 평생 지켜온 믿음의 결론이 어떻게 날지 매우 궁금했을 것이다. 자연스러운 일이다. 그래서 바오로는 종말 사건이 벌어지게 될 양상을 언급하면서 주님의 말씀을 근거로 한다는 사실을 밝힌다. 실제로 복음서에 보면 예수 역시 종말에 벌어질 사건을 예견한 대목이 종종 나오는데 내용이 아주 비슷하다. 특히, 마르코복음 13장 24-27절이 중요한데 예수는 우주적인 종말과 더불어 인자의 내림을 예견하고 인자가 온 세상 사람들을 다 불러 모을 것이라고 한다. 여기에는 물론 산 자와 죽은 자의 구별이 있을 수 없다. 종말의 날이 바로 부활의 날인 셈이다.

바오로 역시 주님의 재림 때 죽은 자들이 부활해 그때까지 살아 있는 자들보다 앞서 하늘에 오르고 뒤이어 산 자들이 하늘에 들려 올라가 주님을 만나게 된다는 사실을 알려주었다. 휴거携擧라고도 불리는 종말의 양상이다. 이 역시 바오로가 예수의 가르침에 대해 알고 있었다는 사실을 암시한다. 테살로니카 교우들은 바오로의 말에서 아마 큰 위로를 받았을 것이다. 예수를 열심히 믿다가 먼저 세상을 떠난 부모님의 운명까지 바오로가 속 시원하게 챙겨주지 않았는가. 교우들을 향한 바오로의 섬세한 배려가 마음에 착 와서 닿는다.

— 자유 그리스도인

회심 후 유랑 전도사로 입문한 바오로는 교회로 전해져 내려오는 예수의 말씀들교회전승을 접했고 그중 몇 가지를 자신의 편지에 인용했다. 살아생전 예수를 만나 뵌 적이 없으니 교회전승에 기댈 수밖에 없는 노릇이었다. 그러나 바오로는 예수의 말씀을 얼마나 많이 아는지 과시하려는 목적이 아니라 교회에 도움이 된다고 생각했을 때만 말씀의 권위를 빌려왔다. 따라서 앞의 다섯 말씀 외에 실제로는 훨씬 더 많은 예수 전승을 알고 있었을 것이다. 예를 들어, 로마서 13장 10절의 "사실 사랑은 율법의 완성입니다"는 마르코복음 12장 28-31절에서 사랑의 이중계명을 율법의 으뜸으로 본 예수의 입장과 일맥상통한다(앞으로 계속 다룰 내용이다).

또 한 가지 주목할 점은 바오로가 예수의 말씀을 선택해 자유자재로 응용하는 대범한 솜씨다. 예수 말씀이라면 한 자도 예외 없이 곧이곧대로 지켜야 한다는 생각은 바오로의 머릿속에 아예 없었던 것이다. 축자영감설遂字靈感說, verbal inspiration‡에 매료된 보수적인 그리스도인들에겐 거북한 일인지도 모르겠다. 그런 의미에서 바오로는 자유 그리스도인이다.

---

‡ 성서는 글자까지도 하느님의 영감으로 기록되었기 때문에 단 한 글자도 틀림이 없으며, 이로 인해 오류가 없는 사실이라고 주장하는 기독교 근본주의적 성경관이다.

사도서간을 집필 중인 바오로(발랭탱 드 블로냐)

2.

신경 信經

신앙의 탄생

요한바오로 2세, 헤르베르트 폰 카라얀, 모차르트의 「대관식 미사 Coronation Mass」, 교황청 바실리카, 빈 필하모닉 오케스트라, 캐슬린 배틀…. 이 정도의 정보면 독자들은 어렵지 않게 짐작할 수 있을 것이다. 1985년 6월 29일에 교황이 집전한 성 베드로와 성 바오로 대축일 미사를 수식하는 말들이다. 제2차 바티칸 공의회(1962~1965)의 결정 이후 미사 때 오케스트레이션을 사용할 수 있게 되었고, 이날 바티칸에 최초로 오케스트라가 등장했다. 비록 전성기가 지났다지만 카라얀이 지휘봉을 잡아 빈 필하모닉 오케스트라와 연주를 했으며 당대 최고 소프라노 중 한 명인 캐슬린 배틀까지 가세해 연주 자체로도 기념비적인 성과를 거둔 미사였다(유튜브에서 미사 실황을 볼 수 있다).

실황 영상을 보면 모차르트의 「대관식 미사」[†]가 모두 여섯 부분으로 이루어져 있음을 알 수 있다. 미사 전례를 일일이 따라가면 그보다 훨씬 더 많은 순서가 있지만 유독 여섯 부분에만 곡이 붙어 있다. 구체적으로 '주님, 자비를 베푸소서'(Kyrie Eleison), '영광송'(Gloria), '신경'(Credo), '거룩하시도다'(Sanctus), '찬미가'(Benedictus), '하느님의 어린 양'(Agnus Dei)이다. 왜 이 여섯에만 곡을 붙였을까?

이는 과거 로마교회 시대부터 지켜온 원칙을 따른 것이다. 미사는 일반 미사와 특별 미사로 나누어지고 특별 미사는 그 날에 해당하는 절기, 성자, 순교자 등에 따라 달라진다. 일반 미사는 앞에서 거론한 여섯 가지 순서가 반드시 들어가야 한다. 세월 따라 상황 따라 미사통상문에 융통성이 더해질 수 있지만 절대 빠져선 안 될 여섯 요소들이다. 그중에서 역사가 가장 오랜 것이 바로 '신경'이다.

오늘날 교회에서 통용되는 대표적 신경으로 열두 제자들의 숫자를 본떠 12개 항목으로 구성된 '사도신경'과 예수 신성 교리가 담긴 '니케아-콘스탄티노폴리스 신경'이 있다. 주로 사도신경을 더 많이 사용하지만, 대축일과 지역 교회의 성대한 축제 때에는 니케아-콘스탄티노폴리스 신경을 바칠 것을 권고한다. 하지만 그리스도 교회가 시작되던 1세기경의 사정은 무척 달랐다. 아직 모든 교회가 공통으로 사용하는 신경이 정해지지 않았고 그러다 보니 신경들이 각양각색이었다. 우

[†] QR코드를 스캔하면 실황 영상을 볼 수 있다.

리에게 익숙한 '사도신경'이나 '니케아신경'에는 예수와 관련해 풍부한 내용이 들어 있어 신앙의 다양한 모습을 집대성한 느낌을 주지만 최초의 신경들은 그처럼 화려하지 않았다. 우선 분량이 짧고 미사여구가 거의 없으며 수식어도 많지 않은 편이라, 그저 사실 나열에 그친다는 인상까지 받는다.

다양한 신경들

신약성서에 나오는 신경들을 살펴보자.

> 그것은 당신의 아드님에 관한 것입니다. 그분은 육으로는 다윗의 후손으로부터 태어나셨으며 거룩함의 영으로는 죽은 자들의 부활 이후 권능을 지닌 하느님 아들로 책봉되신 분, 곧 우리 주 예수 그리스도이십니다(로마 1,3-4).

> 그대가 그대의 입으로 예수는 주님이시라고 고백하고, 하느님께서 그분을 죽은 자들 가운데서 일으키셨다는 것을 그대의 마음속으로 믿으면 그대는 구원받을 것입니다(로마 10,9).

> 실상 나도 전해 받았고 또 여러분에게 제일 먼저 전해 준 것은 이것

입니다. 곧, 그리스도께서는 성경말씀대로 우리 죄를 위해서 죽으시고 묻히셨으며, 또 성경말씀대로 사흘 만에 일으켜지셨습니다(1코린 15,3-4).

또한 그분이 죽은 이들 가운데서 일으키신 당신 아들, 우리를 장차 닥쳐올 진노로부터 건져 주시는 예수께서 하늘로부터 오실 것을 어떻게 고대하게 되었는가도 그들은 전하고 있습니다(1테살 1,10).

예수께서 그들에게 "그러면 여러분은 나를 누구라고 하겠습니까?" 하고 물으시니, 베드로가 대답하여 "선생님은 그리스도이십니다" 하였다(마르 8,29).

시몬 베드로가 대답하여 "선생님은 살아 계신 하느님의 아들 그리스도이십니다" 하였다(마태 16,16).

예수께서 그들에게 "그러면 여러분은 나를 누구라고 하겠습니까?" 하고 물으시니, 베드로가 대답하여 "하느님의 그리스도이십니다" 하였다(루카 9,20).

"주님은 이 세상에 오시기로 된 그리스도요 하느님의 아들이심을 믿습니다."(요한 11,27)

이들 중에서 코린토 1서 15장 3절의 "나도 전해 받았고 또 여러분에게 제일 먼저 전해준 것은 이것입니다"와 테살로니카 1서 1장 10절의 "그들은 전하고 있습니다"는 유대교 문헌에서 조상들로부터 물려받은 전승을 후손들에게 전해줄 때 사용하는 전문용어term. tech.로 사도 바오로가 율사 공부를 했다는 사실을 알려주는 간접증거다. 또한 요한복음 11장 27절의 '믿습니다'와 로마서 10장 9절의 '고백하다'는 신경이 신앙고백의 차원을 갖고 있다는 사실을 암시한다.

신경에 들어 있는 내용을 일괄하면, 비록 표현상의 차이는 있지만, 대체로 예수는 인간적으로는 '다윗의 후손'이며 살아 있는 '하느님의 아들'이자 우리 죄를 위해 '죽었으며' 사흘 만에 죽은 자들 가운데서 '부활'했고 이 세상을 심판하러 '다시 오기'로 한 '그리스도'이며 우리를 구원할 '주님'이다. 그리스도인이라면 누구라도 익히 들었을 법한 내용들이다.

하느님의 아들: 이 호칭은 바오로의 편지와 공관복음서와 요한복음에서 공통적으로 발견되는 예수의 정체 설정이다. 한마디로 1세기 그리스도교의 보편적인 예수 이해였다. 예수가 하느님의 아들로 확인된 시점은, 로마서 1장 3-4절에 따르면 부활하여 자신의 권능을 나타낸 때(십자가 사건)이다. 그에 비해 공관복음에서는 그 시기가 훨씬 앞당겨지는데 예수가 세례자 요한에게 세례를 받고 나오자 하늘이 열리면서 "너는 내 사랑하는 아들"이라는 소리가 들렸다고 한다(마르 1,9-11). 세례 사건이 일종의 입양入養 의식이었던 셈이다. 요한복음에서는 예수를

'하느님의 외아들'이라고 하며(요한 3,16) 이는 로고스 찬가(요한 1,1-18)에서 예수를 하느님과 동일시한 데서 연유한다. 하느님은 아들에게 전권을 주었기에 예수는 악의 세력을 제압하고 죽음까지 통제할 수 있다. 귀신을 축출한 구마 기적 사화와 죽은 이를 살린 소생 기적 사화가 그 뚜렷한 증거다.

그리스도, 다윗의 후손: 예수가 활동하던 시절, 다윗의 가문에서 위대한 인물이 나와 도탄에 빠진 이스라엘을 구하고 다윗왕 시절의 영광을 되찾아주리라는 기대가 팽배해 있었다(메시아 대망사상). 그 참에 놀라운 능력을 가진 예수가 등장했으니 구약성서에 예언된 메시아로 추대되었을 법하다(마르 10,48;11,1-11 등). 그러나 예수는 정치적 메시아인 다윗을 능가하는 인물이다(마르 12,35-38ㄱ). 히브리어 '메시아'는 '기름 부음 받은 이'라는 뜻이고, '그리스도'는 메시아의 헬라어 번역이다. '그리스도'는 원래 하느님의 택함을 받은 자들의 총칭이나 1세기 교회에서는 예수에게 제한적으로 쓰였다.

주님: 주인을 부르는 호칭으로, 마치 노예가 주인에게 그러하듯 그리스도인이 주님에게 전적으로 순종하리라는 다짐이 담겨 있다. 이 호칭은 1세기 교회에서 널리 사용되었는데 바오로에 따르면 "예수는 주님이시다"(퀴리오스 이에수스)라는 고백을 해야 구원을 받는다고 한다(로마 10,9). 그렇게 주님은 구원과 밀접한 관계를 맺는 호칭이다. 헬라 세계에는 '황제 숭배'라는 종교 전통이 있었으며, 황제를 '주님'이라 불렀다(1코린 8,5.6; 묵시 17,14;19,16 참조).

── 신경과 선포

이제까지 최초의 신경들을 살펴보았다. 먼저 예수와 관련된 내용이 매우 간단하다는 게 눈에 띈다. 그렇다고 해서 1세기 교회의 그리스도인들이 유난히 소박한 사람들이라서 그랬던 것은 아니다. 당시까지는 헬라 지역에 퍼져 있는 공동체들을 통일시킬 만한 거대 조직이 없었고 개별 공동체를 통제할 힘도 아직 존재하지 않았다. 덕분에 장문의 신경을 만들어 공동으로 나누어 쓸 수 있는 여건이 형성되지 못했기에 개별 교회 나름의 믿음과 신앙생활을 하면 그뿐이었다. 긍정적으로 평가하면, 다양성이 허용되었던 시절이라 부를 수 있겠다. 그렇다고 공동체 사정이 녹록했던 것은 결코 아니다. 아무리 작은 공동체라도 공동체의 필요에 따라 신앙을 정리해야 했기 때문이다. 신경은 그 대표적인 예다.

신경은 철저히 공동체를 전제로 하는 신앙고백이다. 개인 차원에서 신앙을 고백하는 경우야 얼마든지 자유롭지만 공동체로 모여 예배를 드릴 때면 구성원들이 서로 인정할 수 있는 동일한 믿음을 가져야 옳고, 그래야 공동체의 정체성이 성립될 수 있었을 것이다. 게다가 공동의 신앙고백에 더해 이를 담아낼 수 있는 정해진 양식까지 필요했다.

여기서 전제할 점이 한 가지 있다. 1세기 그리스도 교회에는 바오로계 교회, 베드로계 교회, 요한계 교회라는 세 가지 큰 흐름이 있었다는 사실이다. 이는 딱히 거창한 연구 결과에 따른 게 아니라 신약성서의 개별 작품들을 분류해보면 어렵지 않게 짐작할 수 있다. 열세 편에 이르는 바오로의 편지들과 공관복음·사도행전·베드로 전후서·야고보서 등 베드로를 수장으로 하는 교회의 작품들 그리고 요한이라는 이름이 들어간 다섯 개 작품이 있기 때문이다.

우선 바오로계 교회의 신경은 십자가 사건에 방점을 둔다. 예수의 죽음과 부활과 재림이 주된 내용이다(로마 1,3-4; 1코린 15,3-4; 1테살 1,10). 예수가 부활·승천한 후 몇 년 되지 않아 바오로는 큰 계시 체험(갈라 1,12-19)을 통해 사도로 거듭났고 헬라 세계로 전도를 나가기 시작했다. 그리고 바오로가 편지를 쓴 때가 대략 기원후 50~60년이라는 사실을 감안하면 아직 예수의 죽음과 부활에 대한 기억이 생생했고 이 세상에서 고난을 겪던 공동체를 하루빨리 구해주십사 하는 바람도 있었다. 이 바람이 '재림신앙'으로 자리 잡았다. 죽음과 부활과 재림을 담은 '십자가신학 theologia crucis'[†]이 신앙의 중심이 서 있었던 것이다.

오직 십자가 사건에 치중하느라 역사적 예수의 모습에는 소홀했던 바오로계 교회와 다르게 베드로계 교회에서는 예수의 의미를 그분의 공생활에서 찾았다. 예수는 하느님의 전권을 받은 하느님의 아들로서 악의 세력과 싸움을 벌여 제압하고, 하느님 나라를 구현하는 분이다. 글자 그대로 '살아 계신 하느님의 아들'인 것이다. 악의 세력을 몰아내고 하느님의 통치를 가져올 분으로서 예수의 전권은 기원후 70~90년

[†] 마르틴 루터가 제창한 구원신학

경 완성된 공관복음의 신경들에 투사된 심오한 믿음이었다.

요한계 문헌에서는 예수를 태초부터 있었던 로고스로, 하느님과 동일한 분으로 보았다. 따라서 예수가 하느님의 아들로 등극했다거나(베드로계 교회), 십자가 사건으로 마침내 영광을 받았다는 식의 그리스도론(바오로계 교회)은 먹혀들 여지가 없다. 오히려 로고스가 인간의 육을 입고 내려왔다는 '육화肉化의 신비'(요한1,14)라든가 하늘에서 내려왔다가 다시 올라갔다는 식의 '하강·상승 그리스도론'에 큰 설득력이 있다. 요한복음이 쓰인 때가 대략 기원후 100년경인 점을 감안하면, 신학적 성찰이 많이 이루어진 셈이다. 예수는 원래 '이 세상에 오기로 약속된' 분이었다.

신경의 다른 얼굴은 선포케리그마, Kerygma다. 둘은 비록 같은 내용을 담고 있지만 쓰임새에서 차이가 난다. 공동체의 신앙고백은 동시에 외부인에게 예수가 어떤 분인지 알려주는 역할도 담당한다. 즉, 공동체의 예수 신앙을 외부 사람들에게 선포하는 것이다. 코린토 1서 15장 3절의 "나도 전해 받았고 또 여러분에게 제일 먼저 전해 준 것은 이것입니다"가 신경과 선포의 관계를 잘 설명하고 있다.

당시 갓 태어난 그리스도교는 극심한 박해의 상황에 놓여 있었다. 유다인들은 자신들이 처단한 예수를 믿는 이단을 뿌리째 없애려 혈안이 되어 있었으며 로마제국은 체제에 도전하는 세력을 체포해 가차 없이 십자가형과 맹수형에 처했다. 그런 절체절명의 위험을 무릅쓰고 복음을 선포하는 이들이 언제 수사학적으로 화려하고, 모든 곳에서 통용

베드로와 바오로(엘 그레코)

되며, 다양한 신앙 모습들 전체를 포괄하는 선언문을 만들어 선포할 수 있었겠는가? 그저 예수의 죽음과 부활과 재림만 생각하고 그분이 하느님의 사람이라는 사실을 알리며 하느님의 현신으로 세상에 오셨다는 점만 강조하면 되지 않겠는가? 신약성서에 나오는 신경(선포)들이 비록 단순해 보이지만 오히려 감동적인 이유는 바로 거기에 있다. 그렇게 보면 간단히 "예수는 주님이시다"라고 한 로마서 10장 9절의 고백은 참으로 아름답다.

신경에는 1세기 교회 신앙의 선배들이 가졌던 신앙의 생생한 모습이 들어 있다. 너무 소박해서 일면 싱겁게 보이기까지 한다. 하지만 행간을 세세히 읽어보면 박해의 시절을 견뎌낸 그들의 뼈저린 사연을 들을 수 있을 것이다.

모차르트의 미사곡은 음악적으로 정교하고 체계적인 오케스트라와 대가 솔리스트들과 거창한 합창단이 연주해 청중이 절로 압도당하는 측면이 있다. 그러나 분위기가 사뭇 낯선 미사곡도 있다. 「미사 크리올라 Misa Criolla」[☦]가 그렇다. 이 곡은 아르헨티나 전통 곡조의 미사곡으로 아리엘 라미네즈가 작곡했으며 우리에게는 저항가수 메르세데스 소사의 연주로 유명하다. 거룩함을 지향하는 가톨릭 입장에서는 세속적으로 보이는 작품일지 모르나 교황청에서 정식 미사곡으로 인정받았고 1963년에 교황 바오로 6세 앞에서 처음 연주된 바 있다. 고난 속에 신

☦ QR코드를 스캔하면 메르세데스 소사의 연주를 들을 수 있다.

음하는 남미 민중의 정서가 잘 반영되어 화려하고 웅장한 모차르트 미사곡과는 느낌이 무척 다르다. 최근에는 2014년 12월 12일 프란치스코 교황이 집전하는 바티칸 미사에서 사용되었다.

3.

하느님

어디에 계신가

영국이 인도를 식민지로 삼아 지배한 기간은 70년이나 된다(1877~1946). 하지만 영국이 벵골 지역에서 처음 세금을 징수한 1765년부터 지배가 시작되었다고 보면 인도는 무려 200년간 식민지였던 셈이다. 36년 동안 일제강점기를 보낸 우리의 슬픈 역사에 비추어 보면 상상하기조차 어려운 기간이다. 그 긴 세월 동안 효과적인 식민통치를 위해 영국교회 역시 인도의 복음화에 전력을 기울였다. 하지만 완전히 다른 종교성을 가진 문화권이라는 점을 감안하면 많은 무리수를 두었을 것이다. 특히, 식민 시대 말기에 접어들 즈음 인도의 위대한 지도자 마하트마 간디(1869-1948)를 설득시키는 일이 최대 과제였다고 한다. 그가 움직여야 인도의 민중을 움직일 수 있었기 때문이다.

영국의 성공회 신부들과 개신교 목사들은 성서 말씀을 주제로 삼아 부지런히 간디에게 도전했는데 그때마다 간디는 힌두교 신자로서 자신의 명료한 종교관을 보여주었다. 그중 하나가 "하느님이 어디에 있는가?"라는 질문이었다. 물론 신부들과 목사들은 오직 그리스도교 전통 안에서 그분을 만날 수 있다는 답을 갖고 있었다. 그러자 간디는 다음과 같이 말했다.

> 신을 발견하는 유일한 방법은 그분의 창조물 안에서 그분을 보는 것이고, 창조물과 하나가 되는 것이다. 이 방법은 모든 것을 섬김으로써만 가능하다. 나는 전체의 한 부분이고 모든 것을 전하는 수단이며, 또한 인류와 떨어져서는 그분을 발견할 수 없다. 나의 동포들은 나의 가장 가까운 이웃들이다. 만일 내가 히말라야 동굴 속에서 그분을 발견하리라고 자신을 설득할 수 있다면, 나는 당장 그곳으로 달려갈 것이다. 그러나 나는 인류와 떨어져서 그분을 발견할 수 없다는 것을 알고 있다.(『신의 자녀들』에 나오는 1939년 8월 29일 인터뷰에서)

여기서 놀라운 점 하나는 간디의 대답에 나타난 입장이 이천 년 전 그리스도교 세계화의 첨병이었던 사도 바오로의 그것과 유사하다는 점이다.

> 그분의 보이지 않는 속성, 곧 그분의 영원하신 능력과 신성은 세상이 창조된 이래 그 지으신 것들을 통하여 이성의 눈에는 보입니다.

그래서 그들은 변명할 여지가 없습니다. 사실 그들은 하느님을 알고서도 그분께 하느님으로서의 영광과 감사를 드리지 않았고 오히려 자기네 허튼 생각들로 허망하게 되었으며 그들의 지각없는 마음은 어두워졌습니다. 그들은 지혜 있는 자들이로라 자처하고 있지만 어리석은 자들이 되었고 썩어 없어질 수 없는 하느님의 영광을 썩어 없어질 사람과, 날짐승들과 네발짐승들과 길짐승들의 형상을 닮은 꼴로 바꾸어 버렸습니다. 그래서 하느님은 그들의 마음의 욕정대로 그들을 더러움에 부치시어 자기네 몸을 스스로 욕되게 하도록 버려두셨습니다. 이들은 하느님의 진리를 거짓으로 뒤바꾸었고 조물주 대신 피조물을 위하고 받들어 섬겼습니다. 그분은 세세에 찬송 받으시옵니다. 아멘(로마 1,20-25).

간 디 와 바 오 로 와 예 수

간디와 바오로 사이의 공통점은 확연하다. 바로 이 세상을 창조하신 분이 하느님이시니 창조된 세계를 잘 들여다보면 하느님을 만날 수 있다는 것이다. 초현실주의 작가 살바도르 달리의 작품을 열심히 관찰하면 그의 정신세계를 알 수 있는 것과 마찬가지 이치다. 녹아내리는 시계탑 밑에서 하염없이 기차를 기다리는 나그네, 그가 서 있는 곳은 강렬한 햇볕이 내려쬐는 스페인의 황토색 땅이다. 그처럼 달리의 작품을 장시간 보고 있노라면 어느덧 그의 기억 속으로 스르르 빨려 들어간다.(「정거장의 때 이른 석화」, 1930년, 개인소장)†

간디나 바오로는 자신의 생각을 이리저리 모아 체계적으로 정리하는 능력의 소유자들이다. 그에 비해 예수는 처해진 상황에 따라 순간순간 하느님의 존재를 알려주는 데 최고의 능력을 보여준다. 그분이 하느님을 가르쳐주는 방식의 가장 친밀한 경우는 제자들과 수시로 나누었던 대화에서 발견된다.

어느 날인가 제자들은 예수 앞에 나와 먹을 것, 입을 것, 잘 곳을 걱정했다. 예수 한 분만 믿고 출가했건만 거지 떼 신세를 면치 못하는 자신들의 처지가 한심해서, 또는 오천 명을 먹인 기적이라도 한 번 더 베풀면 허기나 면할까 해서 특별 부탁을 했을 것이다. "스승님, 배고파 죽겠습니다." 그러자 예수는 반문한다. "새들이 언제 농사를 지어 곡식을 곳간에 저장한다는 말을 들어본 적이 있느냐?", 혹은 "들꽃이 사람들 몰래 스스로 주변의 잡풀도 뽑고 몸치장을 하거나 옷을 지어 입는 것을 눈으로 본 적이 있느냐?" 그런데도 온갖 부귀를 누린 솔로몬 왕의 옷도 내일 아궁이에 던져질 한낱 들꽃의 아름다움에 비길 바 못 되고, 또한 새들이 굶어 죽었다는 말도 일찍이 들어본 적 없으니 괜한 걱정일랑 말라는 충고이다(마태 6,25-34 참조).

여기서 28절의 '들꽃크리논'은 '백합꽃'으로 번역할 수 있지만, 연료로

† QR코드를 스캔하면 달리의 작품 「정거장의 때 이른 석화」를 감상할 수 있다.

사용되는 점을 감안하면 흔히 사용하던 불쏘시개, 즉 아무렇게나 핀 들꽃을 가리킨다. 그러니 이 말씀은 미물마저 알뜰하게 돌보시는 하느님이 어찌 만물의 영장인 사람을 박대하시겠느냐는 뜻으로 한 나무람이다. 때맞춰 새들이 공중으로 날아갔다거나 주변에 들꽃이 피어 있었다면 그분의 말씀은 더욱 빛을 발했을 것이다.

예수는 하느님을 의심하는 제자들에게 하느님의 나라 안에 숨겨진 엄청난 가능성을 종종 말씀했다. 그러나 하느님 나라 선포를 신통치 않게 여겼던 제자들은 충분히 의심을 품었을 법하다. '내가 이 꼴 보려고 가족이 있는 집을 나왔단 말인가?' 그러면 예수는 '밀가루 속에 들어가 온통 부풀게 만드는 누룩'(마태 13,33 참조)이나 '새들이 깃들일 정도로 크게 자라는 겨자씨'(마르 4,30-32 참조)에 빗대어 하느님 나라를 설명했고, 하느님 나라의 발아와 성장과 완성을 땅에 뿌려진 씨의 생장과 추수에 견주었다(마르 4,26-29 참조). 누룩, 겨자나무, 씨의 발아와 생장 같은 주변에서 흔히 볼 수 있는 것들을 예로 든다.

제자들 중에는 종말 심판을 걱정하는 이들도 있었다. 당시는 묵시사상默示思想, apocalyptism‡이 온 이스라엘을 지배하고 있던 터라 갑자기 종말이 들이닥칠까 걱정하는 게 무리는 아니었다. 그러자 예수는 시대의 징조를 잘 읽으라는 경고를 한다. 무화과나무 가지가 연해지고 잎이 돋으면 여름이 곧 닥치리라는 사실을 안다거나(마르 13,28 참조), 구름이

---

‡ 후기 유대교에서 유래한 세계의 종말에 관한 신앙 또는 사상을 말한다. 주요 특징은 비관적 세계관, 역사적 결정론, 이원론적 역사관, 개인주의적 구원론 등이다.

서쪽에서 이는 것을 보면 대뜸 비가 올 것을 예측하고, 남풍이 불어오면 곧 무더워질 날씨를 상기시킨다. 말하자면, '땅과 하늘의 징조는 이렇게 잘 알면서 이 시대는 제대로 살피지 못하는' 제자들의 어리석음을 넌지시 꼬집은 말씀이겠다(루카 12,54-56 참조). 무화과나무나 계절, 바람, 구름 역시 자연에서 가져온 예시들이다.

예수가 자연을 통해 하느님을 인식한 예는 한도 끝도 없이 많다. 하느님 나라가 언제쯤, 그리고 어떻게 올지 궁금해 하는 이들에게 예수는 번개 치는 하늘을 빗대어 대답한다. "사실 번개가 하늘 이 끝에서 번쩍하면 하늘 저 끝까지 비치는 것처럼 인자도 [그의 날에] 그렇게 나타날 것입니다"(루카 17,24). 그리고 그날에 장차 벌어질 심판에서 모진 벌을 받게 될 곳에서는 벌써부터 독하게 썩은 냄새를 풍기고 있다는 뜻으로, "죽은 몸이 있는 곳에는 또한 독수리들이 모여들 것입니다"(루카 17,37)라고 경고한다. 그리고 그날이 닥치면 예수의 가르침을 그대로 따른 슬기로운 자는 반석 위에 집을 지은 것과 같으나, 따르지 않은 자는 모래 위에 집을 지은 어리석은 이 꼴이 되고 만다고 주의를 준다. '비가 내려 큰물이 밀려오고 또 바람이 불어 들이치면' 굳건한 집과 나약한 집이 확연히 드러날 것이기 때문이다(마태 8,24-27 참고).

이 세상은 하느님이 창조했기에 그분이 만든 창조물을 잘 들여다보면 하느님의 섭리를 깨달을 수 있다. 바오로와 예수가 이 점에 공감한 것은 분명하다. 하지만 표현 방식에서는 큰 차이가 난다. 로마서 1장 20-25절에서 보듯이 바오로는 심사숙고 끝에 논리적으로 도달할 수 있는 결론을 내린 데 비해 예수는 실제 자연에서 하느님에 대해 구체적으로 느끼고 깨달은 바에 따라 설명한다. 예수의 설명 방식은 철저히 하느님 감성에 기인한 것이다. 이 점이 바로 놀라움을 금할 수 없는 대목이다.

─── 아빠, 아버지

역사의 예수는 놀라운 하느님 감성을 지녔던 반면 하느님을 정의하는 데는 신중한 입장을 보여주었다. 그래서 누군가 예수를 일컬어 '선하신 분'이라 하자 그분은 단호하게 "왜 나를 선하다고 합니까? 하느님 한 분 외에는 아무도 선하지 않습니다"(마르 10,18)라고 하여 자신과 하느님 사이의 간격을 분명히 했다. 선하신 분을 뜻하는 헬라어 '호 아가토스'를 그 자체로 풀이하면 '절대선絶對善'을 가리킨다. 말하자면, 예수는 하느님에겐 비교 대상이 없다는 사실을 일찍이 간파했던 것이다. 그와 통하는 언급이 복음서에 한 번 더 나온다. 종말이 언제 올지 묻는 주변의 질문에 예수는 "그 날과 시간에 대해서는 아무도 모릅니다. 아버지 외에는 하늘에 있는 천사들이나 아들조차도 모릅니다"(마르 13,32)라고 했다.

예수는 하느님에 대한 정확한 개념 정리보다 직관과 통찰을 주로 사용했기에 그분의 속마음까지 끌어내는 일은 쉽지 않다. 다만 앞에서

겟세마네의 기도(엘 그레코)

보았듯 예수 역시 하느님 앞에서 한껏 겸손했다는 사실에 주목해야 한다. 하느님의 정체란 글자 그대로 하느님의 영역에 속하기 때문이다. 이제 예수의 하느님 이해에 가장 심오한 부분에 접근해보자.

> 아빠 아버지, 아버지께서는 어떤 일이든 하실 수 있사오니, 이 잔을 저에게서 거두어 주소서. 그러나 제가 원하는 대로 하지 마시고 아버지께서 원하시는 대로 하소서(마르 14,36).

이 말씀은 예수의 겟세마니(Gethsemane) 기도에서 만날 수 있다. 여기서 '아빠 아버지'라는 호칭이 눈길을 끄는데 어떤 경우든 유대교에서는 하느님을 이런 호칭으로 부른 적이 없기 때문이다. 말하자면, 하느님을 부르는 예수만의 독특한 용법이라 할 수 있다. '아빠 아버지'라는 호칭을 자세히 살펴보면 앞의 아람어 '아빠'와 뒤의 헬라어 '아버지'(호 파테르)의 복합어임을 알 수 있다. 따라서 뒤의 호칭을 앞의 호칭의 번역으로 간주할 때, 이는 헬라 지역에 살던 그리스도인들이 즐겨 사용했던 호칭으로 여길 수 있다.

아람어 '아빠'는 우리의 '아빠'와 똑같아 아직 말을 배우지 못한 어린 아기가 처음으로 아버지를 부르는 호칭이다. 갓 태어난 아기는 모든 세 새롭고 신기한 까닭에 아직 세상만사가 머리에서 제자리를 잡지 못한 상태다. 아버지도 마찬가지여서 막연한 느낌은 오지만 구체화된 이름이 주어지지는 않은 상태다. 그러다가 발음하기 편리한 대로 '아빠'라는 말이 입에 오르기 시작하면 아버지라는 존재가 개념화될 수 있는 것이다(실제로 철학자 라캉은 정신세계와 언어문법 사이의 연관성을 중요하게 여긴 바 있다).

예수에게 하느님은 '아빠'다. 지성이 판단하는 관계로서의 '아버지'나 '아버님'이나 '어른'이나 '부친'이 아니라 감성을 공유한 상태에서 친밀함이 살아 있는 일체감으로서의 '아빠'다. 독자들 역시 아빠에서 아버지, 아버님, 어른, 부친으로 호칭이 변해갈수록 어린 시절 '아빠'와 점점 멀어지는 느낌을 알 것이다. 도대체 예수는 얼마나 하느님을 가까이 느꼈으면 아기들이 부르는 '아빠'로 하느님을 부를 수 있었을까. 그런데 역사의 예수와 일면식도 없었던(갈라 1,11-16 참조) 바오로가 '아빠'라는 호칭의 중요성을 알아보았다.

> 여러분은 또다시 불안에 떠는 노예의 영을 받은 것이 아니라 아들의 신분을 주시는 영을 받았기 때문이며, 이 영 안에서 우리는 "아빠, 아버지!" 하고 외치는 것입니다(로마 8,15).

> 과연 여러분은 아들들입니다. 그렇기 때문에 하느님께서는 당신 아드님의 영을 우리 마음 안에 보내셨으며 그 영은 "아빠! – 곧 – 아버지!"라고 외칩니다(갈라 4,6).

바오로는 예수가 사용한 호칭인 '아빠'에서 두 가지 점을 이끌어냈다. 우선 그리스도인들이 하느님의 자녀라는 점을 호칭을 통해 분명하게 확인했으니, 곧 예수가 자신만의 호칭을 그리스도인들도 사용할 수 있게 허락해준 셈이다. 다음으로 이런 여건을 가능하게 한 존재는 성령이라는 점이다. 사실 바오로가 하느님을 '아빠 아버지'로 부를 수 있었던 때는 부활·승천한 예수의 뒤를 이은 성령의 시간대(혹은. 교회 시대)였고 그 시점의 범위를 보다 좁히면 바오로가 생존했던 때로서 현재였다. 따라서 마치 역사의 예수와 하느님이 맺었던 관계처럼 그리스도인들도 지금 이 자리에서 하느님과 부모 자식 관계를 맺는 것이다. 바오로는 갈라티아서 4장 6절과 로마서 8장 15절을 통해 예수와 하느님의 관계에 인간도 동참할 수 있음을 알려주었다. 역시 바오로는 탁월한 이해력의 소유자다.

 ── 하 느 님 은 어 디 계 신 가 ?

이제 더 이상 하느님을 믿지 않게 되었다고 하는 사람이 있었다. 그는 나를 보자 조용히 다가와 귓속말로 속삭였다. "하느님은 없어요." 뜬금없는 상황에 나는 놀랐고 그렇게 수수께끼 같은 말만 남겨놓은 채 그 사람은 홀연히 사라지고 말았다. 후에 다시 만나서 그때 왜 그런 말을 했냐고 묻자, 자기 아들이 불의의 사고로 죽었는데 여태껏 해왔던 신앙생활에 비추어볼 때 아무리 생각에 생각을 더해도 도저히 납득이 안

되더라는 것이었다. 그래서 많은 신부님과 목사님을 만나보았지만 속 시원한 답 없이 그저 기도해보라는 말만 돌아올 뿐이었다고 한다. 그래서 내린 자연스러운 결론이 하느님은 없다는 것이었고 이후로 부지런한 무신론 전도사가 되었다고 했다. 그러면서 눈을 똑바로 뜨고 나를 보며 던진 한마디. "박 신부님은 어떻게 생각하시나요?"

만감이 교차했다. 하느님은 선하시니 결국 그분의 뜻을 이해할 날이 올 것이라고 할까, 자제분은 천당에서 잘 살고 있으니 염려 놓으시라고 할까, 죽는 게 사는 것이고 사는 게 죽는 것이라는 선문답을 할까, 아니면 지금 급한 약속이 있으니 다음 기회에 말씀을 나누자며 자리를 피할까? 아무튼 하느님의 존재를 인식하는 일은 쉽지 않다.

간디는 하느님을 만나러 히말라야 동굴에 들어가지 않을 것이고, 바오로는 이 세상이 탄식하며 진통을 겪고 있으니(로마 8,22 참조) 하느님의 자녀들이 나타나기를 간절히 기다릴 것이다(로마 8,19 참조). 그리고 예수는 하느님에게서 느낀 친밀감으로 이 세상을 재단한다. 세 분 모두 일상과 자연에서 하느님을 추론해냈으니 하느님이 인간 세상과 멀리 떨어진 분일 리 없다. 따라서 십계명의 "주 너의 하느님의 이름을 부당하게 불러서는 안 된다. 주님은 자기 이름을 부당하게 부르는 자를 벌하지 않은 채 내버려두지 않는다"(탈출 20,7)는 가르침에 기대어 '야훼'라 부르는 것을 막는 하느님이라면, 영 하느님답지 않다.

내가 심혈을 기울여 그분에게 한 말은 "농장에 가서 식물의 생장과 소멸을 한 번 유심히 지켜보세요"였다. 좋은 대답이었는지 모르겠다.

4.

성령

— 무슨 일을 하나요

"하느님께서 보내신 성령은 이 세상을 이끌어가는 힘입니다. 그래서 성령의 기운이 나무를 자라게 하고 바람이 불게 만들며 가뭄 끝에 반가운 비도 내리게 하십니다." 어떤 분이 성령이란 무엇인지 알려주겠다며 서슴없이 한 말이다. 물론 세상만사를 성령의 작용으로 이해하는 모범적 신앙으로 비치긴 하지만 교회의 전통적 가르침에 비춰보면 매우 빗나간 설명이다. 성령이 창조주 하느님의 섭리를 대리한다는 느낌이고, 성령의 인격성보다 무슨 일을 하는지에 초점을 맞추었다는 인상도 들며, 본질은 같지만 위격으로는 구별되는 삼위일체 하느님으로서 성령의 독립성이 부각되지 않는다. 말씀을 한 장본인에게는 죄송하지만 한마디로 문제가 많은 성령관이다.

또한 어느 그리스도인은 다음과 같이 말한다. "삼위일체 성부, 성자,

삼위일체를 경배하다(알브레히트 뒤러)

성령은 곧 아버지와 같으니, 가정에서는 아버지이지만 성당에서는 사목위원이고 회사에서는 사장님이시다." 이 역시 난감하기 짝이 없는 정의이자 은유다. 만일 1600년 전 삼일일체 교리를 확정했던 교부들이 다시 살아 돌아온다면 가슴을 요란하게 두드리며 자책할지도 모를 일이다. '우리가 언제 성령을 그런 식으로 정의 내렸던가' 하면서 말이다.

신약성서에는 성령에 대한 언급이 많이 나온다. 헬라 세계에서는 인간의 구성 요소 중 눈에 보이지 않는 부분으로 영^{프뉴마}과 혼^{프시케}을 꼽는다. 영은 인간에게 내재한, 초월 세계를 알 수 있는 장치쯤으로 볼 수 있는데 만일 하느님에게도 같은 속성이 있다면 당연히 거룩한 영^{聖} $^{靈, 토 프뉴마 토 하기온}$이 될 것이다.

성령과 관련해 진보적 신약성서학계에는 하나의 불문율이 있다. 신약성서 본문 중에 '성령'이라는 말이 나오면 오순절 이후 전승으로 여긴다. 오순절 성령 강림 사건(사도 2,1-12) 이후에나 성립된 전승이라는 뜻이다. 말하자면 역사의 예수는 '성령'이라는 말을 몰랐으리라는 역추적을 가능하게 만드는 이론이다. '성령'에 특별한 관심을 보이는 책으로는 루카복음과 요한복음과 바오로서신 등이 있다. 먼저 이 책들에서 묘사하는 성령을 정리해보겠다.

─ 루카 복음

루카복음에서는 성령이라는 단어를 백 회 넘게 사용한다. 불과 일이십 회에 그치는 다른 복음서들과 비교할 때 특이한 현상이다. 예수는 성령으로 잉태됐고(1,35) 성령으로 기름부음 받았으며(3,22;4,18) 승천하기에 앞서 곧 성령을 보내겠다는 약속을 한다(24,49). 성령과 관련해 무엇인가 중요한 사실이 드러나는 내용들이다. 그렇다면 그 성령은 인간과 무슨 관계가 있을까?

루카복음과 사도행전에 등장하는 중요 인물들은 한결같이 성령으로 충만한 이들이다. 마리아(루카 1,35), 엘리사벳(루카 1,41), 즈카르야(루카 1,67), 사도들(사도 4,23-31), 사마리아 사람들(사도 8,14-17), 필리포스(사도 8,29), 코르넬리우스(사도 10,44-48) 바르나바와 바오로(사도 13,1-4; 16,6-7; 20,22-23; 21,11) 등이다. 그리고 교회사적으로 중요한 사건들 역시 성령의 인도로 이루어진다. 교회 탄생(사도 2,1-12), 예루살렘 사도 회의(사도 15,28), 교회의 감독 선출(사도 20,28) 등이다. 한마디로 예수 시대와 교회 시대, 양 시대에서 성령이 맹활약을 한 것이다.

루카는 성령에 대해 분명한 기준을 제시했다. 루카복음에서 성령은 그 자체로서가 아니라 하느님의 구원 역사와 철저한 관련을 맺는다. 좀 더 구체적으로 표현하면 하느님 나라가 가진 현재성과 미래성, 혹은 종말이 가진 '이미/아직'이라는 성격에서 현재성(이미)을 대변한다. 그 성령은 예수의 살아생전 활동을 돕고 교회와 더불어 그 진가를 나타낸다. 그리고 성령은 선교와 관련해 땅끝까지 복음이 전해지게 만드는 역할을 담당한다. 또한 세례를 받을 때 성령이 그 수혜자에게 선물로 주어지므로(사도 2,38; 19,6ㄴ-7) 성령은 그리스도인이 되었다는 증거이자 성령이 충만한 상태에서 영언을 할 수 있다(사도 2,1-4). 하나같이 성령의 역할을 강조하는 구절들이다. 이처럼 성령을 설명하는 데 기울인 루카의 노력을 높이 평가해서 루카 문서 전체를 가리켜 '성령의 활동을 기록한 책'이라고 정의 내린 학자(노만 페린)가 있을 정도다.

요한복음

요한복음에서 성령은 우리가 미처 알아보지 못했던 사물의 이면을 파악하게 돕는다. 다시 말해 올바른 인식을 가능하게 만드는 역할인 셈이다. 하늘로 올라가기 전 예수는 장차 제자들에게 성령을 보내주리라고 약속한다. '보호자^{파라클레토스} 성령'을 보내겠다는 것이다. 그래서 성령이 오면 죄와 정의와 심판에 관한 온갖 그릇된 편견을 바로잡고 예수를 믿지 않는 것이 바로 죄라는 사실을 알려준다. "그러나 진리의 영, 그분이 오시면 여러분을 모든 진리 안에 인도하실 것입니다. 사실, 그분은 자기 나름대로 말씀하시지 않고 자기가 듣게 될 일을 말씀하실 것이며 또한 앞으로 올 일도 여러분에게 알려주실 것입니다"(요한 16,13; 참조 14,17). 다음 구절은 요한복음에 나오는 성령을 설명하는 데 결정적인 본문이다.

> 그 날, 곧 주간 첫날 저녁에 제자들은 유다인들이 두려워서 그 모여 있던 곳의 문들을 잠가놓고 있었다. 그런데 예수께서 오시어 한가운데에 서서 "여러분에게 평화!" 하고 말씀하셨다. 이렇게 말씀하시며 손과 옆구리를 그들에게 보여주셨다. 그러자 제자들은 주님을 뵙고 기뻐하였다. 이에 (예수께서는) 다시 그들에게 말씀하셨다. "여러분에게 평화! 아버지께서 나를 파견하신 것처럼 나도 여러분을 보냅니다." 이렇게 말씀하시고 예수께서는 그들에게 숨을 불어넣으시며 말씀하셨다. "성령을 받으시오. 여러분이 누구의 죄든지 용서해 주면 그들은 용서받을 것이요, 여러분이 누구의 죄든지 그대로 두면 그대로 남아 있을 것입니다."(요한 20,19-23)

이 본문에서는 부활 예수가 나타나자 제자들이 알아보지 못했다고 한다. 이유는 십자가에 달린 예수와 부활 예수의 모습이 확연히 달라서였다. 제자들의 눈이 닫힌 것을 알고 예수는 몸소 옆구리와 두 손을 보여준 후 숨을 내쉬면서 '성령을 받으라'고 한다. '제자들의 도피 ▶ 부활 예수의 등장 ▶ 알아보지 못함 ▶ 마침내 알아봄'의 과정이 마치 빈 틈없이 잘 맞춰진 콩트 같은 느낌을 주는 설정이다.

제자들은 자신들이 전혀 예측하지 못했던 예수의 죽음을 접하자 서둘러 잠적했다(요한 20,19). 그분의 제자인 게 탄로나 고초를 겪지나 않을까 걱정한 까닭이다. 그런데 처참한 모습으로 돌아가셨던 예수가 인물도 훤하게 등장했으니 첫눈에 알아보지 못한 게 당연한 노릇이다. 그래서 예수는 상처를 보여주었고 성령을 선사하는데, 바로 여기서 성령의 역할이 분명해진다. 본디 인간은 어리석기 한량없다. 그래서 눈앞에 빤히 보이는 분명한 사실을 두고도 헷갈려 한다. 판단력이 부족한 탓이다. 성령은 이처럼 허약한 인간에서 사물을 올바르게 판단할 수 있는 인식을 제공한다.

바오로서신

바오로 역시 성령을 중요하게 여겼다. 그런데 성령을 독립적인 존재로 다루기보다는 언제나 관계성 안에서 설명하기에 루카복음이나 요한복음에 비해 이해하기 어려운 편이다. 우리에게 잘 알려진 본문인 갈라티아서 5장 16-26절에서 영과 육을 비교하면서 "반면에 영의 열매는 사랑, 기쁨, 평화, 인내, 친절, 착함, 신용, 온유, 절제입니다. 이런 것들은 어떠한 법에도 저촉되지 않습니다"(갈라 5,22-3)라 했다. 그런데 영과는 반대편에 놓인 육의 행실들이란 뻔해서 "그것은 음행, 부정, 방탕, 우상 숭배, 마술, 원한, 싸움, 시새움, 분노, 모략, 불목, 분열, 질투, 술주정, 폭음 폭식, 그 밖에 이와 비슷한 것들입니다"(5,19-21). 이처럼 바오로는 영에 따라 사는 삶과 육에 따라 사는 삶 사이의 극명한 대비를 제시했다. 또한 영과 육을 대비하기에 앞서 하나의 전제를 제공하면서, "사실 육은 영을 거슬러 욕정을 일으키고 영은 육을 거슬러 일어납니다"(5,17)라고 했는데 영과 육이 맺는 상대적 지향이 어떤지 잘 표현한 언급이다. 같은 맥락이 로마서 8장에서도 발견된다.

> 그러나 하느님의 영이 여러분 안에 살고 계시기만 한다면, 여러분은 육 안에 있지 않고 영 안에 있습니다. 그러나 누가 만일 그리스도의 영을 모시지 않고 있다면 그는 그분의 사람이 아닙니다. 그러나 그리스도께서 여러분 안에 계시다면, 몸은 비록 죄 때문에 죽은 것이지만 영은 의로움에 이르는 생명입니다. 예수를 죽은 자들 가운데서 일으키신 분의 영이 여러분 안에 살고 계시다면, 그리스도를 죽은 자들 가운데서 일으킨 분은 여러분 안에 살고 계신 당신 영을 통하여 여러분의 죽을 몸도 살리실 것입니다. 그러므로 형제 여러분, 우리는 이제 육을 따라 살도록 육에 빚지고 있지는 않습니다. 실상 여러분이 육을 따라 살면 죽고 말겠지만, 영을 따라 몸의 행실들을 죽이면 살 것입니다(로마 8,9-13).

바오로는 '그리스도의 영'을 모시지 않는 사람은 하느님의 사람이 아니라는 단정적인 표현을 한 후 곧이어 '하느님의 영'이 우리 안에 살고 있다는 말은 '그리스도의 영'이 우리 안에 살고 있다는 뜻이며, 하느님이 죽음에서 그리스도를 살리셨듯이 우리도 죽음에서 살리실 것이라는 사실을 확인한다. 그리고 이 논리는 "실상 여러분이 육을 따라 살면 죽고 말겠지만, 영을 따라 몸의 행실들을 죽이면 살 것입니다"로 이어진다. 따라서 '그리스도의 영'은 그리스도와 관계성을 가진 '영'으로 그리스도에 속한 영, 혹은 영으로 존재하는 그리스도라는 식의 해석이 가능하다.

바오로에게 영이란 육의 욕정을 거스르도록 만들며 이는 또한 그리스도를 살리신 하느님의 영이기에 인간을 생명으로 이끈다. 영은 하느님의 내재적 차원을 설명하기보다는 외적 능력을 가리키며 이로써 영의 정체성보다는 인간을 생명으로 이끄는 그리스도의 능력을 보여주는 데서 강조점이 있다.

── 예 수, 교 회, 성 령

지금까지 비록 제한적이기는 하지만 1세기 교회에서 성령을 이해하는 방식을 개괄했다. 성령은 인간을 충만하게 만들어 복음이 땅끝까지 전파되게 하고, 부족한 인간의 인식능력을 극적으로 보완하며, 육의 욕정을 거슬러 영원한 생명의 길에 이르도록 인간을 이끈다. 이처럼 성령은 인간을 그리스도인으로 거듭나게 만드는 역할을 함으로써 그 기능적인 면을 드러낸다. 적어도 325년에 확정된 삼위일체 교리에 등장하는 것처럼 그리스도와 병존하는 독립적인 위격의 모습으로 그려지지 않은 것이다. 신약성서 전반에 나타나는 성령의 이해다.

역사의 예수는 성령이라는 어휘를 직접 사용하지 않은 것 같다. 성령~토 프뉴마 토 하기온~이라는 단어 자체가 원래 헬라어로 분석해야 제대로 풀이가 가능한데 예수가 사용했던 아람어로 이런 식의 단어 풀이가 영 불가능해서다. 결국 누구인가 예수의 말씀 전승에서 성령에 해당했음직한 개념을 옮기지 않았을까 하는 추측이 가능하지만 이 또한 실제로 보고 들은 적이 없으니 녹록하지 않은 발상이다. 그저 창세기 1장 2절의 "땅은 아직 꼴을 갖추지 못하고 비어 있었는데, 어둠이 심연을 덮고 하느님의 영이 그 물 위를 감돌고 있었다"에서 '하느님의 숨~루아흐 엘로힘~'이 구약성서의 헬라어 번역인 『칠십인역』LXX에서 '하느님의 영~프뉴마 테우~'로 번역되어 있는 데서 암시를 얻는 정도다. 이마저도 역사의 예수에게 적용할 수 있을지 의문이 생기지만 말이다. 이렇게 보면 영이란 것도 실은 '하느님의 기운'이나 '하느님의 숨' 등으로 설명해야 제격이니 결국 성령이란 하느님의 속성이어 마땅하다.

예수는 필시 육과 영에 대한 헬라식 사고를 따르지 않았을 것이다. 히브리 사고에서는 육에서 분리된 인간의 삶이란 상상조차 할 수 없었기 때문이다. 그래서 겟세마니 동산에서 맘 편하게 잠을 즐기던 제자들에게 "당신들은 유혹에 빠지지 않도록 깨어 기도하시오. 영은 간절히 원하지만 육신은 약합니다"(마르 14,38)라고 하지 않았던가? 헬라어로는 비록 '영과 육'이라 번역되어 있지만 예수는 몸과 마음이 둘 아닌 하나라는 사실을 말씀한 것이다. 그런가 하면 눈으로 간음한 것과 실제 간음한 것이 같다는 말씀이나(마태 5,27-29 참조), 몸은 마음의 반영이라는 뜻을 담은 마르코복음 7장 15절의 "사람 밖에서 사람 안으로 들어가 그를 더럽힐 수 있는 것이란 아무것도 없습니다. 도리어 사람에게서 나오는 것이야말로 사람을 더럽히는 것입니다"도 예수의 사고를 보여준다. 영과 육의 분리는 불가능하다.

하느님도 마찬가지다. 하느님에게서 영과 육을 찾으려는 시도는 허망할 뿐이고 오히려 총체적 실재로서 하느님만 계실 뿐이다. 육과 영이 분리된 조건으로 인간을 평가하지 않은 예수는 당연히 한 분 하느님도 그 자체로 받아들였을 것이다. 그러니 하느님의 영이라든가 하느님의 기운이니, 속성이니 하는 표현도 인간이 가진 이해 능력의 유산일 뿐 사실 설명은 아니다. 바오로가 대표적이라 그 역시 하느님의 영, 그리스도의 영이라는 어휘를 사용했다.

예수의 하느님은 한 번도 분리된 속성들의 조합인 적이 없었다. 또한 독립된 위격으로 성령이 이해되지도 않았다. 사실 예수는 하느님을 직접 상대하는 분이니만치 성령이라는 대리자 개념도 필요 없었을 터다. 그러나 예수가 부활·승천한 후 1세기 교회의 상황은 달라졌다. 당시 그리스도인들은 부활 예수와 연결해줄 수 있는 무엇인가가 필요했고 오순절 성령 강림 사건은 단초를 제공했다. 하지만 이때까지만 해도 성령이 그리스도인들에게 어떤 긍정적 작용을 하는지에 관심이 있었을 뿐 성령의 정체 파악에는 무관심했다. 성령은 오직 교회와 연결된 차원에서만 설명할 수 있다.

성령은 독립된 위격으로가 아니라 기능, 혹은 역할로 이해해야 한다. 공관복음, 요한복음, 바오로서신 등에서 그려내는 바대로다.

5.

부활

확실합니다

얼마 전부터 대담 프로그램을 하나 진행 중이다. 부산의 어느 수녀원에서 기획한 것인데 종교계 원로들을 모서 평생 지켜온 신앙의 지혜를 나누어 받는, 매우 모범적인 종교 기획물이다. 어느 분이 나오든지 인터뷰의 마지막 질문은 고정되어 있다. 바로 "부활을 어떻게 바라보시나요?"이다. 모두 팔십 세가 넘은 분들이라서 그런지 죽음과 부활에 대해 어디서도 얻어 듣기 어려운 생각을 전달해주었고 그때마다 고개를 끄덕일 수밖에 없었다. 내 인생도 팔십 세에 이르면 원숙해지려나?

우선 한평생 신약성서 학자로 살아오신 정양모 신부님은, 부활의 관건은 결국 예수가 알려준 사랑을 실천했는지의 문제라며, 만일 죽어 하느님 앞에 섰을 때 "자네 눈에서 사랑은 안 보이고 증오만 보이네 그려"라고 하실까 몹시 걱정이시란다. 나를 속속들이 아시는 하느님께

엠마오의 제자들에게 오신 부활 예수(미켈란젤로 메리시 다 카라바조)

그런 말씀을 듣는다면 낯이 부끄러워 도저히 서 있을 수 없을 테고, 저절로 뒷걸음질 칠 테니 그게 바로 심판 아니겠는가!

다음으로 국민의 존경을 받는 성공회 김성수 주교님은 죽음과 부활에 대해 이렇게 말씀하셨다. 주교님 방에는 1500년쯤 죽은 이의 묘비에서 떠낸 탁본이 있는데 탁본을 읽으며 죽은 이를 떠올리면 그 사람이 살아 있는 게 아니겠냐는 반문을 하셨다. 부활이란 기억의 문제라는 뜻이다. 그렇게 하느님이 살아서든 죽어서든 나를 기억해주시기만 하면 그것이 바로 삶과 죽음과 부활의 전부 아니겠는가!

── 부활에 대한 질문들

두 분의 죽음관과 부활관에서 감명을 받은 것은 사실이다. 또한 요즘의 냉철한 그리스도인들에게도 상당한 설득력을 주는 생각이다. 하지만 여기에 만족하지 못하고 다음과 같은 질문을 하는 사람들이 있다. "인간에게는 영혼도 있지만 육체도 있습니다. 영혼만 부활하나요, 아니면 육체도 같이 부활하나요?", "만일 육으로 부활한다면 그 육체는 부활 이전과 이후가 어떻게 다른가요? 여전히 날씨가 안 좋으면 관절염에 시달리나요?", "나쁜 짓을 많이 한 자도 부활하나요? 만일 똑같이 부활하면 착한 사람은 억울하지 않나요? 광주에서 발포 명령을 내려 이천 명이나 죽게 한 사람도 부활하나요? 국정농단을 한 그 여자는요?",

"오늘의 과학적 사고에 따르면 부활은 난센스 아닌가요? 스티븐 호킹 박사도 우리가 죽으면 컴퓨터 꺼지듯 완전히 점멸된다고 하던데요."

사실 이런 질문들이 요즘에만 있다고 생각하면 큰 잘못이다. 1세기 교회에도 같은 질문들이 있었다.

> 죽은 자들이 다시 살아난다는 말을 듣고 어떤 이들은 비웃고 또 어떤 이들은 "이에 관해 당신의 말을 다시 들어 보겠습니다" 하고 말했다(사도 17,32).

> 죽은 자들의 부활이 없다면 그리스도께서도 일으켜지지 않으셨을 것입니다(1코린 15,13).

> 이런 자들은 부활이 이미 이루어졌다고 말하는데 이들은 진리에서 벗어났으며 다른 이들의 신앙을 파괴합니다(2티모 2,18).

> 그분의 내림에 관한 약속이 어떻게 되었느냐? 사실 조상들이 잠든 후로 모든 것은 창세 이래 그대로 있지 않으냐!(2베드 3,4)

> 인간은 우선 죽고 그리고 나서 부활한다고 말하는 사람은 잘못이다. 만일 인간이 살아생전에 먼저 부활을 경험하지 않는다면 인간이 죽고 나서도 아무것도 경험할 수 없을 것이기 때문이다(위경 필립보 복음 90).

인간은 한 번 죽으면 끝이다. 하느님이 세상을 만든 이치다. 그런데 죽었던 자가 다시 일어난다면 이는 하느님이 손수 만든 질서를 위반하는 꼴이니 하느님 스스로 모순에 봉착하고 만다(사도 17,32 참조). 그리고 백 번 양보해 죽은 사람이 부활한다면 과연 어떤 모습으로 일어나게 될까? 당연히 다시 죽을 일은 없을 테니 부활한 모습은 무엇인가 지금과 달라야 할 것이다(1코린 15,13). 그리스도를 믿었던 신자들 중에 죽은 이들이 점점 늘어만 간다. 그런데 심판의 날은 올 기미조차 없고, 이미 타계한 그리스도인들은 불쌍하게 차가운 무덤에 누워 있을 리도 없으니 그들은 벌써 심판을 받아 천국에 갔어야 옳다. 그러니 부활이 이미 이루어진 것이다(2티모 2,16-18 참조). 종말이 와야 재림도 온다. 그래서 다들 종말, 종말 하지만 사실 창조 이래 바뀐 게 아무것도 없지 않은가(2베드 3,4 참조)?

그중에서 가장 심각한 질문은 필립보 복음에서 발견된다. 이 세상을 사는 동안 무엇인가를 인식할 수 있는 상태에서 부활을 경험했어야 죽고 나서도 그 인식을 사용할 수 있다. 이를테면, 생크림을 듬뿍 바른 후 절인 자두와 블루베리를 얹은 파운드케이크 맛을 지상에서 본 사람이라야 천국에서도 케이크 맛을 느낄 수 있을 테니 채식주의자는 천국에서도 내내 풀만 먹어야 할지 모른다. 그처럼 부활은 인식의 문제다.

앞의 본문들은 그리스도교가 지중해권으로 퍼져 나가면서 헬라 사상에 물들어 있던 사람들이 얼마든지 가질 수 있는 의문이었다. 그렇다고 해서 합리성을 따지는 헬라 세계에서만 부활에 부정적이었던 게 아니다. 이스라엘의 정통 종교 분파인 사두가이도 부활에 반론을 제기했다. 그들은 모세오경만 권위를 가진 참 정경으로 인정했으며, 신명기 마지막 부분(34장)을 보면 모세가 그저 죽었지 부활했다는 말이 없다는 데서 암시를 얻었다. 대부분 사제 신분이었던 사두가이들은 제사를 통해 이미 하느님과 접촉하고 있었으니만치 하느님을 만나기 위해 따로 부활에 매달릴 필요가 없었을 것이다. 그처럼 하느님과 부활을 연결시키는 일은 사두가이에게는 무의미했다. 따라서 부활을 전제로 해 현세의 업적이 사후에 보상을 받는다는 식의 주장을 펼쳤던 바리사이와 사상적인 충돌을 겪을 수밖에 없었다(사도 23,6-8 참조).

─ 인자 人子 신앙의 탄생

부활은 본디 종말-묵시사상을 배경으로 하며 이는 기원전 2세기~기원후 2세기경에 이스라엘에 널리 유행했던 종교 사조다. 예를 들어, 예수가 마르타에게 그녀의 죽은 오빠가 부활할 것이라고 하자 그녀는 "마지막 날 부활 때에 그가 다시 살아나리라는 것은 저도 압니다"(요한 11,24)라고 답한다.

종말-묵시사상에 따라, 종말이 닥쳐 하느님이 하늘에서 내려오면 살아 있는 사람은 살아 있는 대로, 죽은 이들은 무덤에서 다시 살아나 심판을 받아야 한다. 그렇게 다들 하느님 앞에 서면 생명의 책이 펼쳐지고 의인과 죄인을 나누어 상과 벌을 받을 것이다. 즉, 부활이란 원래부터 종말 심판을 전제 조건으로 해야 성립될 수 있는 개념이었다. 그런데 그리스도교가 헬라 세계로 확산되면서 종말 심판의 전제 조건으로서가 아니라 '부활' 자체가 문제시된 것이다. 이로써 복음을 선포했던 유랑 전도사들의 고민이 남달랐을 테고 그중에서도 지도자격인 사도 바오로는 무엇인가 해결책을 제시해야 할 입장이었다. 다들 사도 바오로의 입만 처다보고 있었을 게 뻔했기 때문이다.

> 실상 명령이 떨어지고 대천사의 소리와 하느님의 나팔소리가 들릴 때에 주님께서 친히 하늘에서 내려오실 것이며 그리스도 안에서 죽은 이들이 먼저 부활하고 그 다음에야 남아 있는 우리 산 사람들도 그들과 함께 동시에 주님을 마중하기 위해 구름을 타고 공중으로 이끌려 갈 것입니다. 그러면 우리는 언제나 주님과 함께 있게 될 것입니다(1테살 4,16-17).

우리에게도 익숙한 휴거가 등장하는 본문이다. 여기에 보면 종말의 날에 부활한 자들이 살아 있는 이들과 함께 하늘에서 오시는 주님을 공중으로 맞으러 올라가 주님과 함께 있게 될 것이라고 한다. 여기서 기존의 종말-묵시사상과 다른 점은 하느님이 직접 내려오시는 게 아니라 주님(부활 예수)이 심판자로 내려오고 그때엔 그리스도인들만 (살

최후의 심판 (미켈란젤로 부오나로티)

아 있든 부활했든) 구원을 받는다는 내용이다. 바오로가 종말-묵시사상을 그리스도교 시각으로 재해석했던 것이다.

종말-묵시사상에 대한 바오로의 설명에서 우리는 중대한 사실을 추론해낼 수 있다. 헬라 세계로 나아간 그리스도교에서는 종말 심판관이라는 막강한 지위를 통해 예수의 신성을 강조한 것이다. 과연 이런 식의 의미 전환이 어떻게 가능할까? 유다인의 경전인 구약성서에서 이를 뒷받침할 만한 구절을 발견할 수 있을까?

종말-묵시사상에서는 원래 하느님이 홀로 보좌에 앉아 심판하기에 구태여 대리자를 필요로 하지 않았다. 그러나 시간이 지나면서 하느님의 전권을 부여받은 '인자子'라는 존재가 묵시문학에 등장하기 시작했다. 인자라는 존재가 분명하게 나오는 곳으로는 우선 다니엘서를 꼽을 수 있다. 거기에서 인자는 시간에 묶이지 않는 초월적인 존재로 종말 심판에서 하느님의 대리자 역할을 한다.

> 내가 (…) 밤의 환시 속에서 앞을 보고 있는데 사람의 아들 같은 이가 하늘의 구름을 타고 나타나 연로하신 분께 가자 그분 앞으로 인도되었다. 그에게 통치권과 영광과 나라가 주어져 모든 민족들과 나라들, 언어가 다른 모든 사람들이 그를 섬기게 되었다. 그의 통치는 영원한 통치로서 사라지지 않고 그의 나라는 멸망하지 않는다(다니 7,13-14).

그런가 하면 에티오피아어 에녹서 37-71장에도 인자가 하늘에서부터 나타난 구원자이며 심판자로 묘사된다: "그리고 그의 옆에는 다른 분이 있었는데 그의 얼굴은 사람의 모양 같았고, 그의 얼굴은 천사들의 얼굴처럼 우아함에 가득 찼다"(46,1).

그리스도인들은 예수를 묵시 문학에 나오는 인자로 여긴다. 하느님의 종말 심판을 대신 수행하러 그분이 다시 올 때재림(再臨)는 처음 왔을 때초림(初臨)처럼 무력하게 당하는 일은 없을 것이다. 그래서 그리스도인들을 선별해 구원의 길로 이끌고 그리스도인들을 박해했던 자들은 모두 꺼지지 않는 지옥 불에 던져지리라. 그러니 부활·승천한 예수(사도 1,1-11)가 하루빨리 다시 와서 우리를 구해야 하지 않겠는가. 1세기 교회에서 임박한 재림 기대가 힘을 얻었던 까닭이다.

이렇게 그리스도인의 시각으로 재조정된 종말-묵시사상은 인자 신앙을 탄생시켰고 한 걸음 더 나아가 예수의 공생활 시절까지 소급시켰다. 공관복음서에 따르면 예수가 '인자'로서 이미 세상에 내려왔으나 사람들은 알아보지 못했고, 그를 십자가에 처형시키고 말았다. 즉, 예수는 '수난 받는 인자'였던 셈이다(마르 8,31; 9,30-32; 10,32-34). 그러나 예수가 두 번째로 세상에 올 때는 천군 천마를 동원한 막강한 군사력으로 그리스도인들을 박해하던 자들을 뿌리째 솎아낼 것이다. 예수가 무력한 인자가 아니라 강력한 인자로서 세상에 다시 오리라는 말이다(마르 13,24-27; 루카 12,8-12 등). 그처럼 공관복음서에도 바오로 못지않게 예수 재림에 대한 간절한 기대가 들어 있다. 예수 재림에 대한 강한 기대감은 사도행전에 나오는 베드로의 설교나(3,19-21), 환호성 '마라나 타'('주여 오소서': 1코린 16,22; 묵시 22,20)에서도 읽어볼 수 있다. 그렇게 1세기 그리스도 교회는 예수의 재림을 간절히 바라고 있었다.

이스라엘에서 시작된 그리스도교가 헬라 세계로 뻗어 나가면서 봉착했던 가장 큰 걸림돌은 아마 부활이었을 것이다. 바오로와 같은 유랑 전도사들이 복음을 전할 때 예수의 부활에 대해 언급하지 않을 수 없었기 때문이다. 그런데 예수의 부활을 설득시키려면 수많은 난관이 있었다. 앞에서 거론한 질문들에서 당시의 상황을 어느 정도 읽어볼 수 있다.

── 종 말 과 부 활

종말의 날은 오고야 말 테고 그리스도인들은 모두 부활하여 그토록 기다리던 예수의 재림을 반가이 맞을 것이다. 그렇다면 부활한 이들은 어떤 모습을 지니게 될까? 매사에 따지기 좋아하는 헬라 사람들의 의문엔 사실 지나친 면이 있었다. 본디 이스라엘에서는 인간을 이해할 때 영혼과 육체를 분리시키지 않았고, 그저 하느님 처분대로 따르면 그뿐이지 가타부타 토를 달지 않았다. 하느님에 대한 전적인 신뢰가 이스라엘 신앙의 바탕이기 때문이다. 말하자면, 인간을 하나의 통합된 자아로 인식하지 육과 영으로 나누거나, 이성과 감정으로 나누지 않았다

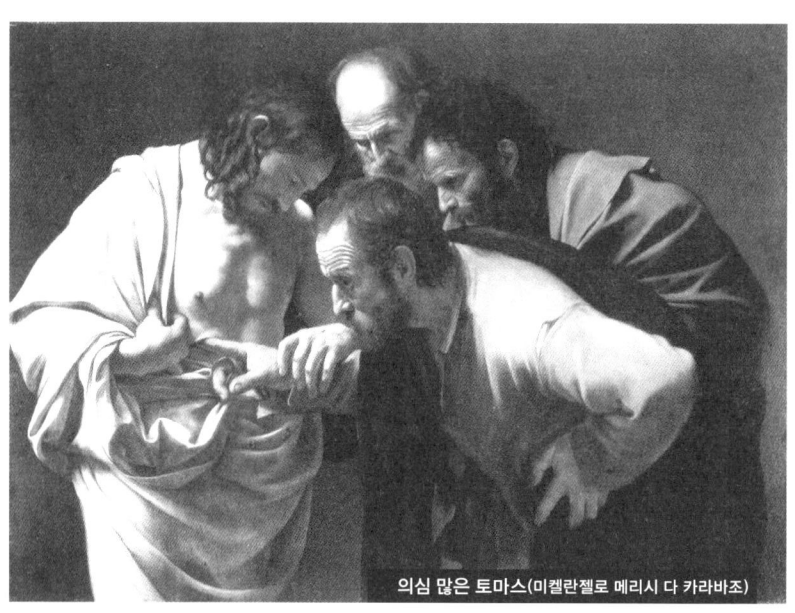

의심 많은 토마스(미켈란젤로 메리시 다 카라바조)

는 뜻이다.

헬라 세계로 진출한 그리스도교 전도사들에게는 무엇보다 우선 예수의 부활을 설득시키는 일이 중요했다. 유랑 전도사들이 한 선포의 중심에 예수의 부활이 서 있었기 때문이다(로마 1,3-4l; 1코린 15,3.4; 1테살 1,10). 예수는 죽은 지 사흘 만에 부활해 제자들 앞에 나타났다. 그렇다면 제자들은 어떻게 그분이 부활한 예수인지 인식할 수 있었을까? 특히 토마스와 같은 실증주의자들은 예수의 재등장에 부정적이었다. 그러자 예수는 토마스에게 말한다. "당신 손가락을 이리 내밀어 내 손을 살펴보시오. 그리고 당신 손을 내밀어 내 옆구리에 넣어보시오. 그리하여 믿지 않는 사람이 되지 말고 믿는 사람이 되시오"(요한 20,27).

손의 못자국과 옆구리의 창 자국이 그대로 남아 있다면, 결국 십자가에 달려 죽었던 예수와 부활한 예수의 육체는 동일하다는 뜻이다. 그렇게 예수는 육으로 부활했고 이는 모든 인간이 같은 모습으로 부활할 수 있다는 강력한 증거가 된다. "이제 죽은 자들 가운데서 일으켜지셨으니, 잠든 이들의 만물이십니다."(1코린 15,20)

예수의 부활을 좇아 그리스도인 역시 반드시 육으로 부활하고야 말 것이다. 그렇다면 부활 전의 육과 부활 후의 육 사이에는 어떤 차이가 있을까? 답은 이렇다. 부활한 육은 다시는 썩어 없어지는 죽음을 맛보지 않을 테니 약해진다거나 병들지 않을 것이다. 여기서 새로운 개념인 '몸'이 필요하다. 인간의 피와 육과 영과 혼과 마음과 이성을 두루 품는 총체적인 자아로서의 '몸'이다. 살아 있을 때는 당연히 한계를 가진 육이 몸의 향방을 결정한다. 그래서 육이 욕망하는 것들로 "음행, 부정, 방탕, 우상 숭배, 마술, 원한, 싸움, 시새움, 분노, 모략, 불목, 분열, 질투, 술주정, 폭음 폭식, 그 밖에 이와 비슷한 것들"(갈라 5,19-21)이 있다. 그러나 성령의 열매는 "사랑, 기쁨, 평화, 인내, 친절, 착함, 신용, 온유, 절제"(5,22-23)이다. 이 둘을 구분하면, 바오로가 주창한 그 유명한 개념인 '육적인 몸'과 '영적인 몸'이 되는 것이다.

"그리스도[예수]께 속하는 이들은 육을 그 정욕과 사욕과 함께 십자가에 이미 못 박았습니다"(갈라 5,24). 그래서 "자연적인 몸으로 씨 뿌려지지만 영적인 몸으로 일으켜집니다"(1코린 15,44). 따라서 이미 부활한 예수를 두고 예수가 다시 살아났다는 말을 어이없어 하는 사람들이나, 무덤에 묻힌 육이 썩어 없어지는 것을 눈으로 확인했는데 도대체 어떻게 다시 육으로 일어선다는 말이냐며 비웃은 사람들이나, 아직 예수가 재림하지도 않았는데 부활이 지나갔다고 하는 무식한 사람들이나, 예수가 재림하지 않는다고 조급증을 내다가 결국 신앙을 버린 사람들이나, 육의 경험이 전부인 양 건방을 떨었던 사람들은 각오해야 마땅하다. 이제 얼마 남지 않았다. 예수님이 오시면 그런 불경한 자들부터 즉시 손보실 것이다.

"주님이여, 어서 오소서, 마라나 타!" 매주 예배를 마칠 때마다 한곳에 모였던 그리스도인들이 목 놓아 부르짖었던 외침이다.

6.

현재

인생 성적표

빛과 어둠의 화가 렘브란트는 한 주제를 가지고 다양하게 표현한 인물로 유명하다. 특히 성서 주제들에 자신의 역량을 쏟아 부었는데, 「아브라함의 제사」, 「돌아온 탕자」, 「선한 사마리아 사람」 연작 등이 유명하다. 또한 렘브란트는 자기 얼굴에도 집착을 보여 20대부터 60대까지 무려 예순세 점의 자화상을 그렸다. 물론 표현법을 연마하는 도구로 자기 모습이 가장 편했겠지만 여전히 의문이 남는다. 도대체 자신의 얼굴에 뭐 그리 대단할 게 있다고 예순세 점이나 되는 자화상을 그렸다는 말인가? 하지만 헨리 나우웬(1932-1996)은 달리 말한다.

"렘브란트는 인간 내면의 신비를 꿰뚫어 보고 싶으면 빛이 드는 안방은 물론 음침한 지하실에 이르기까지 구석구석 자아를 파고들어야 한다고 믿었다. 가장 개인적인 것이 가장 보편적이라는 사실을 알고

이삭을 제물로 바치는 아브라함(렘브란트 하르먼손 판 레인)

있었다. 나이를 먹어갈수록 이 거장은 비참한 존재에 몰린 자신을 인식하고 '용기와 새로운 젊음'을 발견할 수 있는 인간 경험의 고갱이를 건드릴 줄 알게 되었다. 병적이리만치 자신에게 집착하는 자세가 아니라, 칠흑 같은 어둠 속에서 빛을 찾아 헤매는 이들을 섬기는 심정으로, 끊임없이 자화상을 그리고 또 그리지 않는 한 누군가를 진정으로 돌보는 것은 불가능하다"(헨리 나우웬, 『나이 든다는 것』 중에서).

나이가 들수록 걱정이 많아지고 쉽게 노여워하고 외로움을 많이 느끼고 죽음이 점점 두려워지는 게 사실이다. 그렇다고 늘음에 꼭 어두운 면만 있는 것은 아니다. 렘브란트에게는 인생의 깊이를 깨닫는 계기가 되어 그의 정신세계를 더욱 풍성하게 만들었다. '칠흑 같은 어둠 속에서 빛을 찾아 헤매는 이들을 섬기는 심정으로' 자신을 성찰할 수 있게 된 것이다. 역시 인간 이해의 폭이 뛰어난 영성가여서인지 나우웬이 렘브란트를 보는 시각은 남다르다.

부활은 현재의 사건

부활을 바라보는 시각은 우선 미래로 향한다. 자연스러운 일이다. 죽고 나면 나는 어떻게 될까? 세상에 남긴 나의 흔적은 어떤 형태로 이어질까? 세상살이 그렇게 고통을 당했는데 천국에선 영원히 행복할 수 있을까, 그게 아니라 지옥에 가면 어쩌지? 죽음을 앞두고 생겨날 수 있는 수많은 질문에 부활은 확실한 답을 제시한다. 살아서 예수를 믿은 이는 하느님께서 죽음 후에 거두어 가실 텐데 예수 자신의 부활이 바로 든든한 증거다(1코린 15,12-22). 따라서 부활의 희망 역시 당연히 미래로 향한다. 하지만 종말 심판과 개인의 죽음 사이에 놓인 괴리는 여전히 남아 있다. 종말-묵시사상에서 부활은 역사의 끝에 일어나지만, 개인의 부활은 죽음과 직접 연결되기 때문이다.

1세기 그리스도인들에게도 개인의 생물학적 죽음과 부활 역시 종말에 이루어질 부활만큼이나 중요했다. 그런 까닭에 구태의연한 종말-묵시사상을 극복하려는 움직임이 눈에 띈다.

진실히 진실히 당신들에게 이릅니다. 내 말을 듣고 또 나를 보내신 분을 믿는 이는 영원한 생명을 얻습니다. 그리고 그는 심판으로 끌려 들어가지 않고 오히려 죽음에서부터 생명으로 이미 옮겨 간 것입니다. 진실히 진실히 당신들에게 이릅니다. 죽은 이들이 하느님 아들의 목소리를 들을 때가 오고 있으니 바로 지금입니다. 과연 듣는 이들은 살 것입니다(요한 5,24-25).

그리고 죽은 이들에 관해서, 그들이 일으켜진다는 사실을 두고 모세의 책 가시덤불 대목에서, 하느님께서 모세에게 어떻게 말씀하셨는지 읽어 보지 못했습니까? "나는 아브라함의 하느님, 이사악의 하느님, 야곱의 하느님"이라 하셨습니다. 그분은 죽은 이들의 하느님이 아니라 살아 있는 이들의 하느님이십니다. 여러분은 크게 잘못 생각하고 있는 것입니다(마르 12,26-27).

형제 여러분, 나는 이것을 밝혀 둡니다. 곧 살과 피는 하느님의 나라를 상속받을 수 없으니, 썩는 것이 썩지 않는 것을 상속받지 못하는 것입니다. 이제 내가 여러분에게 한 가지 신비를 말하겠습니다. 우리가 다 잠들지는 않겠지만 모두 변화는 할 것입니다(1코린 15,50-51).

요한복음에 등장하는 예수는 다른 복음서에서 들어보지 못한 말씀을 한다. 하느님("나를 보내신 분")을 믿는 이는 심판을 받지 않은 것이며, 죽은 이들이 살아날 것이라는 내용은 그리 새로울 게 없지만 "이미 죽음에서 생명으로 건너갔다"와 "지금이 바로 그때다"는 전통적인 종말-묵시사상과는 크게 어긋난다. 부활이 미래의 사건임은 분명하지만 다른 측면에서 보면 벌써 이루어졌다는 뜻이다. 이 같은 '지금이 바로 종말의 때'라는 사고방식은 요한복음 곳곳에서 발견된다(3,18-19; 9,39; 12,31; 16,11).

마르코복음의 예수는 하느님이 죽은 이들의 하느님이 아니라 산 이들의 하느님이라고 못 박으면서 엉뚱하게 아브라함과 이사악과 야곱의 예를 든다. 예수가 활동했던 시기와 견주어보면 이들은 이미 이천 년 전쯤에 세상을 떠난 사람들인데 말이다. 그러니 '산 이들의 하느님'이라고 하면 오히려 바로 옆에 서 있던 제자들을 바라보며 '베드로의 하느님, 야고보의 하느님, 요한의 하느님'이라고 했어야 옳지 않을까.

바오로의 시각도 마찬가지로 흥미롭다. 그는 코린토 1서 15장에서 일껏 죽은 다음 부활이 오면 어떤 상태가 될지 설명하고 나서 정작 마무리 단계에 이르러서는 "우리가 다 잠들지는 않겠지만(죽지 않겠지만) 모두 변화는 할 것입니다"라고 한다. 도대체 부활이 죽음을 전제로 하는 것인지조차 헷갈리게 만드는 내용이다. 이제 세 본문의 논리를 하나하나씩 좇아가 이를 하나로 뭉뚱그릴 수 있는 차원을 발견할 수 있는지 알아보자.

요한과 마르코와 바오로

종말이 미래의 사건임은 분명하다. 그러나 묵시사상에서 말하듯이 종말의 날이 와 하느님에게 최후의 심판을 받으러 부활할 때 상과 벌을 줄 수 있는 근거는 어디에 있을까? 여기서 '생명의 책'(묵시 17,8)이라는 개념이 등장하고, 이 책에는 한 사람 한 사람의 잘잘못이 상세히 기록되어 있어 심판의 증거로 사용된다. 이런 사고방식에 힘을 입어 예수 당시의 바리사이들은 부활을 강력하게 주장했는데, 만일 살아생전 열심히 율법을 지켰다면 그에 대한 응분의 보상이 하느님으로부터 주어져야 하고 그러기 위해서는 반드시 부활해야 했다. 요한복음의 논리는 거기서 한 걸음 더 나아간다.

　어떤 사람이든 죽은 후에는 종말에 이루어질 부활을 기다리며 무덤에서 마냥 누워 있어야 한다. 이때는 죄를 짓고 말고 할 조건이 당최 생겨나지 않으니, 천 년을 누워 있든 만 년을 누워 있든 상과 벌을 줄 근거를 보태거나 뺄 수 없는 노릇이다. 따라서 무력하게 정지된 무덤에서의 시간이 아니라 살아생전 지상에서 보낸 삶에서 벌어진 일이 심판의 기준이 되어야 맞고 그 내용이 '생명의 책'에 기록되어 있을 테니, 하느님도 결국에는 지상의 삶을 근거로 공과를 따져야 한다. 무덤에 얼마 동안 누워 있든 상관없이 살아생전 그의 인생에서 흉허물을 찾아낼 수밖에 없는 노릇이기 때문이다. 그러니 지금 여기서 누리고 있는 삶이 바로 심판을 결정짓는 기준이라 하겠다.

　한 가지 예를 더 들어보자. 어느 학급에서 영어 시험을 오후 2~3시에 치렀다. 선생님은 답안지를 거두었다가 학교에서 미처 다 채점을 하지 못하고 집으로 가져와 늦은 밤이 되어서야 채점을 마칠 수 있었다. 마지막으로 채점한 학생의 점수가 99점이라 반에서 1등을 차지했고 시계를 보았더니 밤 12시였다. 그렇다면 99점 학생이 1등이 된 때는 언제일까? 밤 12시일까, 아니면 오후 3시일까? 당연히 시험을 마무리한 오후 3시이고 밤 12시는 그 사실을 확인한 때에 불과하다. 종말 심판도 이와 같아 부활 후에 하느님 앞에서 심판이 이루어지겠지만 그 기준은 심판받는 이가 살아 있을 때 이루었던 삶에서 결정 난다. 지금이 바로 부활의 때라고 한 요한복음의 논리는 이렇게 빛을 발한다.

요한복음의 초점이 인간에게 맞추어져 있다면 마르코복음의 시선은 인간에게서 하느님으로 옮겨진다. 하느님의 존재와 존재 방식에 대해 그리스도교에서는 오래전부터 질문해왔고 답을 찾으려는 시도가 넘쳐났다. 이를테면 하느님을 플라톤의 사고에 맞추어 '절대 진리'로 여기고 악이 손톱만큼도 끼어들 여지가 없어 '절대 선善'으로 부르기도 했다. 특히 예수님도 "왜 나를 선하다고 합니까? 하느님 한 분 외에는 아무도 선하지 않습니다"(마르 10,18)라고 하여 하느님의 절대 선을 강조한 바 있다. 이처럼 하느님은 절대 선인 분이니 설혹 시대마다 인간이 세운 선의 기준이 달라질지 모르나 그분의 선은 시대의 조건에 흔들거리지 않는다. 마찬가지로 아브라함과 이사악과 야곱은 이미 1800년 전에 이 세상에서 사라졌으나 하느님에게는 여전히 살아 있는 존재인 것이다.

인간에게는 시간이 과거와 현재와 미래로 나뉜다. 그래서 한 번 태어난 인간은 나이를 먹고 언젠가는 반드시 죽음을 맞이한다. 숙명인 셈이다. 그러나 하느님은 다르다. 과거의 하느님이나 현재의 하느님이나 미래의 하느님이라고 말하는 것은 인간의 기준일 뿐 사실 하느님은 시간에 구애받지 않는, 언제나 같은 분이다. 저명한 성서학자 루돌프 슈낙켄부르크는 하느님의 존재 방식을 두고 '영원한 현재 ewige Gegenwart'라 이름 붙인 바 있다. 우리 인간이 언제 살고 언제 죽고 언제 부활하든 하느님에게는 그저 현재일 뿐이다. 말하자면 삶, 죽음, 부활은 인간의 언어이지 하느님의 언어는 아닌 셈이다. 따라서 '나는 아브라함의 하느님, 이사악의 하느님, 야곱의 하느님이다'라고 하신 하느님은 "살아 있는 이들의 하느님"이신 게 맞다.

바오로는 인간의 부활에 대해 코린토 1서 15장에서 독특한 견해를 피력한다. 인간에게는 여러 구성 요소가 있는데 육, 피, 영, 혼, 마음, 이성 등을 꼽을 수 있다. 매사를 잘게 쪼개어 분석하는 헬라식 사고에 따른 것이다. 여기서 바오로는 그 모든 요소를 총괄하는 개념으로 '몸소마'을 제시한다. 오늘날로 따지면 '자아', 혹은 현존과 통하는 개념이다. 그런데 몸이란 것이 가치중립적이라 인간의 탐욕을 대변하는 '육사르크스에 따른 몸'이 될 수도 있고 거룩함을 대변하는 '영프뉴마에 따른 몸'이 될 수도 있다.

인간은 항상 그렇듯 육에 따른 몸이라는 조건으로 태어난다. 따라서 그대로 놓아두면 멸망에 이를 수밖에 없는 노릇이다. 하지만 예수 그리스도를 믿어, 좀 더 구체적으로 말해 세례를 받아 그리스도인이 됨으로써 영에 따른 몸으로 바뀔 수 있는 가능성이 살아 있다. "하늘에 속한 몸들이 있는가 하면 땅에 속한 몸들도 있습니다. 그러나 하늘에 속한 것들의 광채가 다르고 땅에 속한 것들의 광채가 다릅니다"(1코린 15,40). 따라서 우리는 믿음을 통해 얼마든지 썩어 없어질 몸이 썩지 않는 것을 입을 수 있으며, 그때가 되면 성경에 기록된 말씀이 이루어질 것이다. "죽음아, 네 독침이 어디 있느냐?"(15,55).

다시 렘브란트로

1세기 그리스도교의 중요 관심사는 '미래에 이루어질 종말의 날에 어떻게 심판에서 살아남는가?'였다. 하지만 종말을 내면화하려는 움직임도 있어 어느 정도 숨통을 틔워 주었다. 여기서 '숨통을 틔웠다'라고 한 이유는 하느님의 통치가 종말에 완벽하게 이루어질 테지만, 그렇다고 해서 지금 이 자리에 우리와 함께하시는 하느님의 존재를 거부할 수는 없는 노릇이었기 때문이다.† 예수의 말마따나 하느님 나라는 이미 우리 가운데 와 있는 것이다(루카 17,20-21 참조).

렘브란트가 아틀리에로 향한다. 그리고 문을 열고 들어가자 줄지어 세워져 있는 자화상들을 만난다. 나이가 들어 세월에 따라 변해간 모습들을 한눈에 보면서 아마 자신에게 주어졌던 과거의 시간과 지금 겪고 있는 현재의 시간도 동시에 보는 느낌이었을 것이다. 그리고 장차 다가올 죽음까지 염두에 둘 수밖에 없었으리라. 거기서 문득 창조주 하느님의 시각에 근접해 스스로를 바라보는 환희의 순간에 도달했을지도 모른다. 종말은 누가 뭐라 해도 현재의 사건이다.

코린토 1서 15장에서 바오로가 우리에게 전달해준 확신을 다시 한 번 읽어보자.

---

† 신학 용어로는 '이미, 그러나 아직'(schon Jetzt, noch nicht)이라 한다.

죽음은 승리 안에 삼켜졌구나!
죽음아, 네 승리가 어디 있느냐?
죽음아, 네 독침이 어디 있느냐

7.

믿음

믿으면 다 되나요

삼 년의 공생애 동안 예수가 한 말씀과 행적은 그분의 부활·승천 이후 지중해권 전역에 폭발적인 기세로 퍼져 나갔다. 때로는 구두 전승으로, 때로는 기록 전승으로 확산되는 과정에서 바오로 같은 유랑 전도사들이 큰 몫을 담당했다. 그리고 거기에 덧붙여 그리스도인들에게 모종의 선택을 요구하는 상황도 전개되었을 것이다. 갖가지 전승들을 어떻게 받아들여야 예수의 원래 의도를 충실히 반영할 수 있을까 하는 고민에서 비롯된 상황이다. 우선 예리코로 가는 길에 강도를 만나 반쯤 죽은 남자의 이야기(루카 10,25-37)를 살펴보자. 이야기 마지막에 율사에게 예수가 질문을 던진다.

"당신은 이 세 사람 가운데서 누가 강도 맞은 사람의 이웃이 되어

주었다고 생각합니까?" 그러자 그는 "그에게 자비(엘레오스)를 베푼 사람입니다" 하였다. 이에 예수께서는 그에게 "가서 당신도 그렇게 행하시오" 하고 말씀하셨다(루카 10,36-37).

이 이야기를 그대로 야고보서에 끌어가 살펴본다. 야고보서 2장에 보면 다음과 같은 경우가 나온다. 만일 어떤 사람이 헐벗고 그날 먹을 양식조차 떨어졌는데 몸에 필요한 것은 주지 않은 채 그저 말로만 '집에 가서 몸을 녹이고 평안히 쉬면서 배부르게 먹지 그러느냐'고 한다면 얼마나 무책임하고 부질없는 일인가. 예리코 길에서 줄행랑을 쳤던 사제와 레위의 행동과 별다를 바 없어 보인다.

> 이와 마찬가지로 믿음도 행함이 없다면 그 자체로서는 죽은 것입니다. 어떤 이는 이렇게 말할 것입니다. "너에게는 믿음이 있고 나에게는 행함이 있다. 행함이 없이 너의 믿음을 나에게 보일 테면 보여 달라. 그러면 나는 행함으로써 나의 믿음을 너에게 보여 주겠다."(야고 2,17-18)

자비(엘레오스)를 베풀지 않는 사람은 무자비하게 심판을 받을 것입니다. 그런데 자비는 심판을 이깁니다(야고 2,13).

'자비'를 강조한 야고보서의 작가는 분명히 '선한 사마리아 사람의 비유'에 나오는 예수의 입장을 잘 알고 있었을 것이다. '엘레오스'의 뜻으로 ①하느님께서 인간에게 주는 자비(루카 1,50; 갈라 6,16) ②그리스도를 통해 보여주는 인간에 대한 하느님의 자비(로마 15,9) ③예수가 인간에게 보여주는 자비(유다 21) ④인간 상호 간에 보여주는 자비 등이 있는데 정확히 ④와 일치하기 때문이다. 그렇게 야고보서는 자비에 대해서 긍정적인 반면 믿음을 묘사하는 데에는 다분히 부정적인 느낌이다. 자비를 반영하는 행동으로서 구체적인 실천이 없다면 그 믿음을 죽은 것이라 단정하기 때문이다. 마치 주변에서 무작정 믿음을 강조하는 누구인가를 염두에 두고 하는 말 같다. 야고보서가 집필된 시기가 대략 1세기 후반임을 감안하면 바오로계 교회에서 강조했던 '믿음'을 겨냥했다고 볼 수밖에 없는 노릇이다. 그렇다고 해서 야고보의 입장이 전적으로 옳다고 말하기는 어렵다. 믿음을 강조한 바오로의 입장도 그 근거를 예수에게서 찾을 수 있기 때문이다.

> 사도들이 주님께 "저희에게 믿음을 더하여 주십시오" 하고 여쭈었다. 그러자 주님께서 말씀하셨다. "여러분이 겨자씨 한 알만 한 믿음이라도 갖고 있다면, (이) 돌무화과나무더러 '뿌리째 뽑혀 바다에 심어져라' 하더라도 그것이 여러분에게 순종할 것입니다."(루카 17,5-6)

어느 날 예수의 제자들이 다가와 믿음을 더하여 달라고 청했다. 이는 하느님 나라에 대한 확신이 서지 않아, 또는 예수를 오랫동안 따라

다니기는 했지만 아직도 무엇인가 미심쩍은 바가 있어서 물어본 말이었을 것이다. 어찌 보면 인간이라면 그렇게 흔들리는 게 당연하다. 그런 이들에게 예수는 실로 놀라운 말씀을 한다. 여기 굳건히 서 있는 돌무화과나무에게 '뽑혀 바다에 심어져라'고 하면 그대로 이루어지리라는 것이었다. 물론 이는 수사학적인 과장이다. 사실 실제로 나무가 뽑혀 바다로 날아가는 황당한 장면이 펼쳐진들 무슨 대단한 의미가 있겠는가? 사람의 마음이 변하지 않으면 아무 소용없지 않은가!

"뿌리째 뽑혀 바다에 심어져라"의 직전 말씀, 곧 "겨자씨 한 알만 한 믿음이라도 갖고 있다면"이라는 조건문에 주목해보자. 겨자씨는 예수가 비유를 들 때 종종 사용하는 사물로 씨들 중에서도 아주 작아(마르 4,30-32 참조) 손바닥에 놓아도 잘 보이지 않을 정도라고 한다. 말하자면 겨자씨라는 극히 작은 존재와 나무를 움직여 바다에 던질 정도의 엄청난 위력의 사건을 비교하는 것이다. 여기서 예수가 말하려는 믿음은 당연히 실제로 나무가 뽑히는 식의, 외적으로 작동하는 게 아니라 인간 내부에 자리 잡은 믿음을 뜻한다. 다시 말해 질적인 가치에서 믿음의 성격을 거론한 것이다.

─── 바오로와 야고보

바오로에게 믿음이란 관계성을 전제로 한 개념이다. 대상과 그 대상을 믿는 주체가 반드시 있어야만 한다는 뜻이다. 만일 내가 어떤 대상을 바라보며 믿음을 가진다면, 그 대상을 믿음직하게 여기는 데 필요한 조건은 믿음의 대상이 나의 기대를 저버리지 않으리라는 사실에 대한 인식이다. 낳아주고 길러준 어머님은 언제나 믿음직하지만 투자만 하면 떼돈을 번다고 강조하는 친구의 말엔 망설여지는 느낌이 들기 마련이다.

그리스도인은 당연히 예수를 대상으로 믿음을 가지며, 그 믿음은 예수가 우리를 반드시 구원해주리라는 든든한 기대감을 전제로 한다. '예수가 우리를 구원한다'는 내용을 십분 감안할 때 믿음이란 그 자체로서 하자가 전혀 없는 완전무결한 가치다. 그렇게 바오로에게는 믿음 자체가 이미 완전하기에 구원을 위하여 별다른 일을 또 해야 할 필요가 없었다. 질적 차원에서 믿음을 인식한 것을 보면 예수의 사상과 일맥상통한다. 바오로는 생각을 좀 더 몰아붙여 이제 아브라함의 경우를 거론한다.

> 그러므로 우리는, 육신상의 우리 선조 아브라함이 무엇을 찾아 얻었다고 말할 것입니까? 아브라함이 행업으로 의롭게 되었다고 한다면 그는 과연 자랑거리가 있겠습니다. 그렇더라도 하느님 앞에서는 그렇지 않습니다. 실상 성경은 무엇이라고 말합니까? 아브라함은 하느님을 믿었고 이것이 그의 의로움으로 인정되었습니다(로마 4,1-3).

아브라함이 하느님에게 의로운 이로 인정받은 때는 하느님과 계약을 맺고 할례를 받기(창세 17장) 전의 일이다. 즉, 시간적으로 볼 때 하느님은 아브라함의 사람 됨됨이를 보고 구원의화을 하신 것이지 그의 드러난 행동과는 무관한 셈이다. 따라서 할례란 결국 아브라함이 믿음을 통해 의로워진 후에 그것을 확인하는 '표시'(세메이온: 로마 4,11)일 뿐이다. 그런데 여기에 대해서도 야고보의 생각은 달랐다.

> "실없는 사람아. 행함이 없으면 믿음이 쓸모없다는 것을 알고 싶은가? 우리 아버지 아브라함이 자기 아들 이사악을 제단에 올려놓았으니 행함으로 의롭게 되지 않았던가? 믿음이 그의 행함을 도와주었고 행함으로 믿음이 완성되었다는 것을 너는 알리라. 이와 같이 '아브라함이 하느님을 믿었으니 이것이 그의 의로움으로 인정되었으며 그가 하느님의 친구로 불리게 되었다'(창세 15,6)는 성경 말씀이 이루어졌다." 사람은 행함으로 의롭게 되지 믿음만으로는 의롭게 될 수 없다는 것을 여러분은 알아야 합니다(야고 2,20-24).

야고보는 믿음만으로는 구원이 불가능하고 오로지 실천이 믿음을 뒷받침해야 된다는 점을 강조한다. 그러면서 증거로 드는 구약성서 구절이 창세기 15장 6절의 말씀이다. 아브라함이 의롭게 된 때는 아들 이사악을 제단에 올려놓고 칼을 들어 목을 자르려는 순간으로, 그제야 하느님의 천사가 "그 아이에게 손대지 마라. 그에게 아무 해도 입히지 마라. 네가 너의 아들, 너의 외아들까지 나를 위하여 아끼지 않았으니, 네가 하느님을 경외하는 줄을 이제 내가 알았다"(창세 22,12)라고 한다. 그러니 사람은 믿음만으로 의롭게 되는 게 아니다. 여기서 눈에 띄는 대목은 행동과 무관하게 믿음으로 의롭게 된다고 한 바오로와, 믿음도 행동으로 채워져야 의롭게 된다고 한 야고보가 같은 구절, 곧 창세기 15장 6절을 근거로 댄다는 사실이다. 같은 구절을 놓고 정반대의 해석을 택한 셈이다.

무엇인가 상황이 이상하게 돌아가는 느낌이 오지 않는가? 우연의 일치라고 보기에는 너무 부자연스럽다. 로마서의 집필 연대가 58년경이고 야고보서의 집필 연대가 대략 60년대이니 야고보서가 로마서보다 늦게 쓰였다고 봄이 옳지만, 실은 그 훨씬 전부터 논쟁이 있었을 것이다. 즉, 율법 준수의 필요성에 대해 바오로와 야고보, 아니 바오로파와 야고보파가 서로의 자존심을 걸고 첨예하게 대립하고 있었던 것이다(갈라 2,11-14 참조). 대립하는 이유의 중심에는 믿음을 어떻게 인식하는가가 있다. 바오로는 믿음을 완전한 가치, 곧 행동으로 뒷받침될 필요가 없는 완전한 가치로 본 반면 야고보는 믿음을 행동으로 보완되어야 할 불완전한 가치로 보았다. 구원의 문제를 두고 가치론과 인식론의 차원에서 대립이 있었던 셈이다.

— 다른 목소리들

일단 가치와 인식의 차원으로 확대되면, 이제부터는 옳고 그름이 아니라 선택의 문제가 된다. 앞서 보았듯 바오로와 야고보 두 입장 모두 예수의 가르침에서 출발했고 같은 구약성서 구절을 근거로 내세웠다. 그리고 이런 노골적인 대립의 상황에 노출된 그리스도인들 역시 자신, 혹은 자신의 공동체의 상황에 따라 의견을 구축해야 했다. 예컨대 바오로를 몹시 괴롭혔던 코린토 교회에는, 비록 바오로가 선교한 교회였지만 그와 다른 입장을 가진 유랑 전도사들이 들어와 공동체를 뒤흔든 적이 있다. 바오로의 말에 따르면 그런 자들은 다음과 같다.

> 이들은 가짜 사도들이요 속여 먹는 일군들이며, 다만 그리스도의 사도로 가장하고 있을 뿐입니다. 그러나 조금도 이상할 것이 없습니다. 사탄조차도 광명의 천사로 가장하는 수가 있지 않습니까? 그러니 그 사탄의 봉사자들이 의로움의 봉사자들로 가장한다고 해서 별로 큰일이랄 것도 없습니다. 저들의 종말은 그 행실대로 닥치게 될 것입니다(2코린 11,13-15).

여기서 바오로가 코린토 교회에 찾아온 이들을 싸잡아 "가짜 사도"라 부르지만, 그들 입장에서 보면 그저 예수에 대한 생각과 복음에 대한 노선이 다를 뿐인데 이런 식으로 폄하되는 사태는 원치 않았을 터다. 싸움이 나면 양쪽 말을 다 들어보아야 하는 법이다. 그들이 예수에 대해 정확히 어떤 입장을 가진 사람들인지는 잘 몰라도 바오로의 전도 사역과 궤적을 달리했음은 분명하다. 같은 맥락에서 야고보서에 등장하는 입장을 이해할 수 있다. 이 역시 1세기 교회에서 들려오는 또 한 가지 소리인 것이다.

바오로는 믿음을 강조하면서 반율법주의Antinomianism 노선을 분명히 했던 반면 마태오나 야고보처럼 율법의 유용함을 여전히 포기하지 않는 이들도 있었고, 아예 헬라 세계 깊숙이 들어가 전향적인 사고에 도달했던 요한계 교회도 있었다. 그러니까 최초의 그리스도인들이 경험했던 1세기는 긍정적으로 바라보면 믿음의 다양성이 존재했던 시대이고, 부정적으로 말하면 첨예한 입장 대립으로 혼란을 겪던 시대라 할 수 있다. 그리고 중심에는 예수에 대한 개개 그리스도인(혹은 개개 공동체) 나름의 해석이 있었다.

믿음이란 무엇일까? 앞서 보았듯이 그 출발은 분명 예수로 잡을 수 있다. 하지만 믿음에 대한 예수의 가르침이 워낙 함축적이고 변화무쌍해 한 사람이 다 담아내기는 불가능했다. 바오로와 야고보는 믿음의 해석을 달리했지만 어떤 해석이라도 포함할 정도의 충분한 공간이 예수의 가르침 속에 들어 있으며 쓰고 남은 공간까지 넉넉하다. 신약성서의 매력은 바로 여기에 숨어 있다. 예수의 가르침은 굳건한 뿌리이고 해석의 다양성은 만개한 꽃이다. 역사의 예수와 1세기 교회 사이에는 그 누구도 끊어낼 수 없는 단단한 연속성이 놓여 있는 것이다.

우주의 지배자로서의 그리스도를 표현한 모자이크(성녀 푸덴시아나 교회, 로마)

관습과 윤리

8.

음식

개인인가 공동체인가

요즘처럼 음식에 대한 관심이 요란했던 적이 없는 것 같다. 텔레비전을 보면 온통 '먹방' 열풍이다. 하지만 내용은 거기서 거기라 이름난 '맛집'을 찾거나 신기한 요리를 만들거나 무한정 먹어대거나 음식을 주제로 드라마를 제작하거나 건강식의 효능을 설명하는 식이다. 어느 방송을 틀든 적어도 '먹방' 하나는 있을 정도다. 하지만 어떤 먹방에서도 좋은 음식을 먹었으니 그에 맞게 가치 있는 삶을 살아야 한다거나, 먹을거리와 공동체의 관계가 어떠해야 하는지 등의 문제를 다루진 않는다. 그저 먹는 것 그 자체에만 매달리는 인상을 받는다. 몇 년을 그렇게 살다 보니 이제 먹방이 지겨울 수밖에! 왜 사는 이야기는 안 하고 먹는 이야기만 하는 걸까?

일찍이 예수는 음식에 대해 관대한 입장을 취했다. 이를테면 "여러분은 모두 내 말을 듣고 깨달으시오. 사람 밖에서 사람 안으로 들어가 그를 더럽힐 수 있는 것이란 아무것도 없습니다. 도리어 사람에게서 나오는 것이야말로 사람을 더럽히는 것입니다"(마르 7,14-15)는 말씀이 그것이다. 사실 모든 음식은 깨끗하기에 사람을 더럽히지 못하는데 예수는 이를 반문 형태로 강조한다. '모든 음식은 깨끗하지 않은가?'(마르 7,18-19 참조) 모든 음식이 깨끗하다는 입장은 사도 바오로에게서도 발견된다. 바오로는 로마서에서 이 점을 분명히 해 "음식물 때문에 하느님의 업적을 파괴하지 마시오. 모든 것(음식)은 정합니다"(로마 14,20)라고 한다.

여기에 사용된 헬라어는 비록 문외한이라 한들 그 상관성을 어렵지 않게 짐작할 수 있다. 바로 '모든 음식판타 타 브로마타πάντα τὰ βρώματα./브로마토스 판타βρώματος πάντα'과 '깨끗함카타리존καθαρίζων/카타라καθαρά'이다. 이처럼 예수의 말씀에 사용된 표현을 바오로 역시 사용했다는 사실은 바오로가 예수의 말씀을 알고 있었을 가능성에 관한 훌륭한 암시다. 여기서 바오로는 한 걸음 나아가 예수의 입장을 보다 확실하게 옮겨 담는다. 음식과 하느님의 일을 연관시킨 것이다.

━━ 깨끗한 것과 깨끗하지 않은 것

어느 날인가 예루살렘에서 온 바리사이들과 율사 몇몇이 예수를 다그

쳤다. 예수의 제자들이 더러운 손으로 음식을 먹고 있었던 것이다. 율법에 따르면 음식을 먹기 전에 반드시 손을 씻어야 했고 이를 어기는 것은 율법, 곧 하느님의 명령을 어기는 짓이었다(마르 7,1-15). 사실 더러운 손으로 음식을 먹은 것은 그 자체가 책잡힐 일이기는 하다. 먼지투성이인 광야가 대부분인 유다 땅에서 더러운 손으로 음식물을 취하면 자칫 감염되어 심신의 고통을 겪을 수 있기 때문이다. 그러니 일단 손부터 씻고 볼 일이다. 아니, 한 걸음 더 나아가 이를 율법에 떡하니 기록해놓으면 더욱 좋을 터다.

여기서 독자들은 한 가지 의문을 품을지 모른다. 율법의 실제 내용인 모세오경 어디를 찾아봐도 식사하기 전에 손을 씻으라는 조항이 없으니 말이다. 그 열쇠는 3절에 나온다. "본디 바리사이들과 모든 유다인들은 장로들의 전승을 지켜, 한 움큼의 물로라도 손을 씻지 않고서는 음식을 먹지 않는다. 또한 시장에서 돌아와서도 몸을 씻지 않고서는 음식을 먹지 않는다." 즉, 바리사이와 율사들이 예수에게 건 시비는 문서화된 율법 조항이 아니라 제3의 근거인 '장로들의 전승'에 따른 것이었다. 바리사이와 율사들은 입에서 입으로 전해내려온 관습법인 장로들의 전승에도 문서화된 율법과 똑같은 권위를 부여했다. 따라서 그들의 눈에 예수의 제자들은 분명 종교적 잘못을 범하는 중이었다.

예수는 종교지도자들의 반발에 단호하게 대처한다. 그들이 금과옥조로 여기는 장로들의 전승은 하느님의 계명이 아니라 인간이 만들어

낸 전통일 뿐이다. "여러분은 하느님의 계명을 저버리고 사람의 전통을 지키고 있는 것입니다"(마르 7,8). 그러니 이제는 하느님의 계명을 다시금 굳건히 세울 때다. 음식의 정淨/부정不淨이나 먹는 행위의 깨끗하고 더러움이 아니라 사람이 문제인 것이다. 만일 사람이 깨끗하지 않다면 아무리 양질의 음식을 섭취한들 그 효용성은 사라지기 마련이다. 이런 입장을 통해 예수는 기존 이스라엘의 전통적 사고에 크나큰 역전을 가져왔다.

예수의 신념은 죄인들과 나눈 식사자리에서 여지없이 드러난다. 마르코복음 2장 15-17절을 보면 예수가 죄인의 집에서 식사하는 장면이 나온다. 때를 놓칠세라 바리사이와 율사들이 예수에게 시비를 건다. "저 사람은 세리들과 죄인들과 어울려 음식을 먹습니까?"(16절). 거두절미한 채 이 질문만 보면 율법을 따르지 않는 몹쓸 죄인들과 예수가 함께 식사하는 모습을 탓한 것일 수 있다. 당연히 그들의 눈에 예수는 의인으로 분류되었기에 의문을 제시할 수밖에 없었다. 탁월한 야훼 신앙과 종교 지식으로 미뤄볼 때 '예수는 우리 편이 확실한데 어찌 점잖지 못하게 죄인들과 어울리는가?'라는 불만이다. 하지만 의인/죄인 여부보다 실은 예수가 식사를 하는 장소가 문제였다.

율법의 음식 규정에는 깨끗한 음식과 그렇지 않은 음식의 목록이 있다(레위 11장). 예컨대 돼지는 굽은 갈라졌지만 되새김질을 하지 않아 피하고, 낙지와 문어는 비늘이 없어 꺼린다. 피에는 생명이 들어 있다고 생각해 멀리하고 목 졸라 죽인 짐승은 숨을 막았기에 꺼림칙하게

세리 마태오를 부르심(미켈란젤로 메리시 다 카라바조)

여겼다. 하지만 이는 어디까지나 경제적 여유가 있는 의인들의 경우고 산 입에 거미줄을 치지 않으려면 돼지라도 잡아먹어야 하는 사람들에게는 요원한 규정이었다. 그들은 아무것(?)이나 먹느라 절로 죄인이 되었고 그들 집에서 식사를 하면 이 또한 자동적으로 죄인이 되는 일이었다. 예수의 처신을 두고 바리사이와 율사들이 시비를 걸 만했다. 하지만 예수의 생각은 달랐다.

예수는 자신이 죄인을 구하러 이 세상에 왔다고 한다. "의사는 건강한 사람들에게 필요한 것이 아니라, 앓는 사람들에게 필요합니다. 나는 의인들을 부르러 온 것이 아니라 죄인들을 부르러 왔습니다"(마르 2,17). 예수의 관심은 음식이 아니라 사람이었다. 죄인 집에서 나누는 식사는 그들 역시 하느님의 자녀로 존중받아 마땅하다는 사실을 보여준다. 따라서 예수를 죄인들 모두 불러 모아 의인으로 만들려는 의지를 가진 인물로 해석하면 큰 잘못이다. 오히려 하느님은 죄인 그 자체로서 사랑하신다. 아니, 더 정확히 표현하면 하느님에겐 의인/죄인의 구분이 없는 것이다. 역시 사람이 중요하다.

음식은 없다, 사람만 있을 뿐이다.

--- 공 동 체 를 위 하 여

바오로는 예수의 말씀을 잘 숙지했던 것으로 보인다. 그래서 모든 음

식은 깨끗하다는 입장을 로마서에서 피력했다. 그런데 단서가 하나 있었다. 바로 '하느님의 일'이다. 말 자체로 보면 '하느님의 일'이라는 표현은 문제 될 게 없어 보인다. 그리스도인 치고 하느님의 일을 거부하는 사람이 과연 있겠는가 말이다. 정작 중요한 문제는 과연 바오로가 생각했던 하느님의 일이 무엇인지다.

로마 교회에는 음식과 관련해 한 가지 어려움이 있었는데 정육점에서 구매한 고기를 먹어야 하는가 말아야 하는가 하는 문제였다. 로마 제국에서 가축의 도살과 판매는 일종의 전매사업이었다. 그래서 모든 가축은 신전에 가져다가 제사를 지낸 후 도살했고 그렇게 잡은 고기는 정육점으로 보내져 일반인에게 판매했다. 그런 이유로 로마 교회의 교인들 중에는 이방신에게 바친 고기라 하여 정육점 고기를 꺼림칙하게 여기는 사람들이 있었다. 과연 이 고기를 먹어야 할까 말아야 할까?

고기를 먹어도 된다는 입장의 교인들은 '모든 음식은 깨끗하다'는 주장을 폈다. 하느님이 주신 모든 음식은 깨끗하므로 설령 이방신에게 바친다 해도 절대 더러워지는 게 아니다. 오히려 하느님을 따르는 사람이 이방신을 인정한다는 사실 자체가 죄다. 따라서 신전에 바쳤던 고기를 망설임 없이 먹음으로써 나의 굳건한 믿음이 증명될 수도 있다. '내 심장은 이만큼 강합니다!' 그러나 어떤 교인들은 의심이 들어 도저히 그런 고기를 못 먹겠다고 한다. 아무리 하느님이 주셨다고는 하나 마음이 끌리지 않으면 보나마나 배탈이 날 것이다. 내 마음이 그런데 어떻게 나를 사랑하시는 하느님께서 그깟 고기 좀 안 먹었다고 나를 내치시겠는가 말이다. 나와 내 가족은 제발 좀 빼달라. 이 세상에는 심장이 약한 사람도 있는 법이다.

바오로는 난감한 처지에 놓였다. 논리 자체만 보면 강심장 교우들의 말이 천 번 만 번 옳지만 세상이 꼭 옳고 그름이라는 기준으로 판단되진 않는다. 만일 강심장 교우가 자유롭게 이방신에게 바친 고기를 먹는다면 그들을 바라보는 약심장 교우들은 시험에 들 게 뻔한 이치다. 그런 까닭에 "무엇을 먹어 남에게 장애물이 되는 사람에게는 그것이 해롭습니다. 고기를 먹든 술을 마시든, 그 밖에 무엇을 하든, 그대의 형제에게 장애물이 되는 일은 하지 않는 것이 좋습니다"(로마 2,21)라고 바오로는 충고한다. 의심을 하면서까지 먹을 필요가 없다는 뜻이다.

같은 경우가 코린토 1서 8장에도 나온다. 코린토 교회의 어떤 교우들은 아직까지도 우상을 섬기던 관습에 젖어 있어 우상에게 바쳤던 제물을 먹을 때는 그것이 참말로 우상의 것이라고 생각한다. 이는 물론 그들의 양심이 약해서 그 음식으로 말미암아 자기네들이 죄를 졌다고 생각하기 때문이었다. 거기서 바오로는 해결책을 제시한다. "음식이 내 형제를 걸려 넘어지게 한다면 나는 영영 고기를 먹지 않겠습니다"(13절).

양쪽 본문에서 발견되는 바오로의 입장은 동일하다. 음식 자체는 더럽지 않다. 하느님이 만드신 것이니 더럽다는 게 어불성설이다. 하지만 그 음식을 먹고 마실 때 문제가 발생해 공동체에 균열이 생길 수 있다. 그래서 바오로가 권하는 해결책은 '강심장이여, 자제하라'는 것이다. 형제의 사랑으로, 또한 공동체의 평화를 위해 그리해야 하는데(로마 14,19 참조) 하느님이 원하시는 게 무질서가 아니고 평화이기 때문이다(1코린 14,33 참조).

음식은 없다. 공동체만 있을 뿐이다.

사람인가 공동체인가

음식에 관한 한 예수와 바오로의 입장에 큰 차이가 없어 보인다. 예수에게나 바오로에게나 음식이란 거룩하신 하느님이 손수 만들었으니 당연히 깨끗하고, 그 음식을 먹는 사람도 절대 더러워지지 않는다. 모든 음식은 그저 맘 편하게 먹으면 그뿐이다. 그러나 '하느님의 일'을 앞에 두고는 어쩔 수 없이 차이가 났다. 바오로는 '하느님의 일'을 전적으로 공동체의 평화를 구축하는 일로 보았기에 만일 음식 문제로 교인들 사이에 무질서가 생산된다면 절대 막아야 한다. 그러니 강심장 교우들이 우상에게 바친 바 있는 제물을 먹지 말아야 옳다.

복음서에 보면 예수는 어떤 경우에도 음식을 자제하지 않았던 것으로 보인다. 그분의 제자들은 바리사이와 요한의 제자들이 금식하는 날[†]에도 음식을 즐겼고 별명마저 '먹보에 술꾼'이지 않은가. 스승에

[†] 유다인에겐 매주 월요일과 목요일이 금식일이었다.

게 배운 대로 제자들은 날을 가리지 않고 음식을 먹은 덕분에 불명예스러운 별명을 얻었으며 마침내 손을 씻지 않은 상태에서도 음식물에 손을 댔다. 자신들의 무절제한 행동이 혹여 유다인들의 하느님 신앙에 누가 될까, 그래서 유다 전통이 무너지지나 않을까 하여 자제하는 일 따위는 없었던 것이다. 그렇게 보면 음식에 관한 한 예수의 제자들이 바오로보다 훨씬 더 자유를 누렸다고 할 수 있다.

예수에서 교회로 넘어가면서 음식에 관한 입장도 변화했다. 비단 바오로뿐 아니라 기원후 100년경 시리아 지역에서 집필된 교리서인 『디다케』에서도 "여러분의 단식은 위선자들과 함께하지 마십시오. 이들은 주간 둘째 날(월요일)과 다섯째 날(목요일)에 단식하니까, 여러분은 주간 넷째 날(수요일)과 준비일(금요일)에 단식하시오."(8,1)라 하여 그리스도인의 단식을 인정했다. 예수와 그 제자들이 누렸던 자유에 비하면 훨씬 가리는 게 많아진 편이다. 좋은 음식을 먹고 공동체를 분열시키느니 차라리 그 음식을 먹지 않겠다는 바오로도 같은 범주에 속한다. 바오로에게는 하느님의 교회에 평화를 가져오기 위해 그깟 돼지고기 한 번 안 먹는 게 대수인가 하는 마음이 있었을 것이다.

전체적으로 보아 바오로는 예수의 입장을 어느 누구보다 명쾌하게 이해한 사도다. 그래서 예수로부터 교회로 이어지는 신앙의 흐름에 물길을 잘 터주었다. 그러나 바오로에게는 공동체의 안정이 더욱 중요했다. 갓 탄생한 교회들이 자잘한 문제에 휘말려 분열을 겪어서는 안 될 일이었다. 그러니 비록 예수가 상관없다고 한 조건들도 바오로는 그저 넘어갈 수 없었다.

그는 교회를 살리기 위해서 개인은 희생될 수 있는 것(마태 18,15-18 참조)이라고 생각했다.

개인과 공동체의 갈등은 그렇게 시작되었다.

9.

경제

―

최고의 경제학자 예수

지난 이삼 년간 국민의 머리에서 지워지지 않았던 사람이 있다. 이름하여 최순실! 처음에는 그저 대통령의 비공식 자문 역할 정도의 인물인 줄 알았는데 시간이 지나면서 점점 더 자세한 내막이 드러났다. 그녀는 대통령의 조용한 자문 역에 만족하지 않는 무소불위의 비선 실세였다. 온갖 인사를 마음대로 주물렀고 딸의 장래를 위해 불법적인 힘을 유감없이 발휘했으며 정부가 벌이는 사업에 빠짐없이 참여해 이권을 챙겼고 대통령의 일거수일투족을 쥐고 흔들었다. 언론에 비췄던 세련된 옷차림과 광택 피부를 가진 60대 중반의 대통령이 실은 그녀의 작품이었던 것이다.

최순실은 항변할지 모른다. 이 모든 게 대통령을 위한 것이었고, 더 나아가 대한민국을 위한 일이었다고. 하지만 그녀의 말을 믿는 국민은 거의 없다. 필자의 판단에 따르면 최순실은 욕심을 통제하지 못하는 사람이다. 아니, 오히려 욕심을 통제하는 법을 어디서도 배워본 적이 없다고 하는 편이 옳을지 모르겠다. 아버지나 어머니, 형제자매나 친구, 평생 따랐던 태양 같은 언니마저도 통제하는 법을 가르쳐주지 않았다. 불행하여라, 욕심을 통제하지 못하는 자여!

===== 사유재산권의 포기

어느 날 부자 청년이 예수에게 다가왔다. 당시의 열악한 경제 사정을 고려할 때 그가 부자라는 사실은 금세 알 수 있었다. 우선 옷차림에서 차이가 났을 테고 체격도 남달랐다. 잘 먹고 잘 사는 태가 물씬 풍겼다. 사실 우리나라도 요즘엔 겉보기로 판단이 안 되지만 불과 삼십 년 전만 해도 잘 사는 집 아이들과 못 사는 집 아이들은 확연히 차이가 나지 않았던가?

그 청년은 예수에게 영원한 생명을 구한다. '영원한 생명'을 헬라어로 읽으면 '조에 아이오니오'이고 하느님께서 종말 심판에 사용하실 각 사람의 치부책인 '생명조에의 책'을 떠올리면 자연스레 '구원'이라는 말로 연결된다. 부자 청년은 재물과 동시에 자신의 구원까지 챙기려 했던 셈이다. 잘 알려진 부자 청년 이야기다(마르 10,17-31 참조).

예수에게 구했던 영원한 생명은 청년의 망설임으로 물 건너가고 말왔다. 예수가 청년에게 온 재산을 팔아 가난한 사람들에게 나누어주고 자신을 따르라 했기 때문이다. 22절에 보면 그는 매우 슬퍼하며 예수에게서 떠나갔다고 하는데 이때 '슬프다'로 번역한 헬라어 '루페오'는 원래 무엇인가에 의해 몹시 흔들리는 상태를 뜻한다. 말하자면 예수의 한마디에 청년은 어찌할 바를 모르는 상태가 된 것이다. 마음이 바닥부터 흔들리는 경우라고나 할까?

이 이야기는 워낙 많이 인용되는 까닭에 굳이 자세한 설명을 달지 않겠다. 그보다는 이야기를 바라보는 복음서 저자 마르코의 시각을 좀 더 파고들어 가보자. 부자 청년의 마음을 바닥부터 흔들어놓은 후 예수는 주위 제자들을 둘러보며 말씀한다. "재산을 가진 사람들이 하느님 나라에 들어가기는 참으로 어렵구려!"(23절). 제자들이 놀라며 서로 "그렇다면 누가 구원받을 수 있겠는가?"(26절)라 말했는데 이는 부자 청년의 질문이 구원(영원한 생명)을 겨냥한 것이기에 제자들 역시 '구원'을 입에 올린 것이었다.

이야기의 절정은 베드로의 뜬금없는 등장이다. 상황을 지켜본 베드로가 말한다. "보시다시피 저희는 모든 것을 버리고 선생님을 따랐습니다"(28절). 듣기에 따라서 수제자라는 사람이 품위 없이 나서는 모양새다. 다들 멀어져가는 부자 청년의 슬픈 뒷모습을 바라보는 판국에 동정은 고사하고 물색없이 나서서 잘난 체를 하다니. 하지만 베드로에 대한 예수의 평가가 놀랍다.

진실히 여러분에게 이릅니다. 나 때문에 또한 복음 때문에 집이나 형제나 자매나 어머니나 아버지나 자녀나 토지를 버린 사람으로서 그 백 배를 되받지 못할 사람은 아무도 없습니다. 지금 현세에서는 박해도 당하겠지만 집과 형제와 자매와 어머니와 자녀와 토지를 되받고 또한 내세에서는 영원한 생명을 받을 것입니다. 그런데 첫째로서 말째가 되고 말째로서 첫째가 되는 이들이 많을 것입니다(마르 10,29-31).

예수의 평가에는 다양한 말씀이 모여 있다. 학계에서는 이를 두고 흔히 '단절어 집성문'이라 하는데, 말하자면 베드로의 다짐을 빌미 삼아 이와 관련된 예수의 짧은 말씀들을 한 대목에 몰아넣는 편집 작업이다. 사실 예수의 말씀 중 대다수는 전승 과정에서 주어진 역사적인 상황이 사라진 채 오직 그 말씀만 살아남았다. 따라서 복음서 저자는 여기저기서 모은 단절어[†]들을 주제에 맞게 모아 '단절어 집성문'을 만들었던 것이다. 실제로 29절은 마르코복음 3장 31-35절을 연상시키고, 30절은 1세기 그리스도교의 박해 상황을 그 뿌리로 삼을 수 있으며, 31절은 예수 당시 유행어였다(마태 19,30; 20,16; 루카 13,30 참조). 그러니 마르코의 편집 작업을 십분 고려할 때 그가 이를 통해 제시했던 예수의 재물관까지 알아낼 수 있다.

---

† 단절어(로기온)의 종류로는 속담, 격언, 경고, 훈계 등 다양하다.

예수는 부자 청년에게 전 재산을 팔아 가난한 이들에게 주고 제자 공동체에 들어오라고 한다. 복음서에 보도된 바에 따르면 예수 일행의 살림을 꾸리는 일은 제자단의 몫이었던 것으로 보인다. 제자들은 음식을 마련해두어야 할 책임이 있었고(마태 16,5-7; 요한 4,31-33 참조), 최후의 만찬을 할 장소와 음식을 준비할 임무를 맡았으며(마르 14,12-16 참조), 훗날 예수를 배반한 유다는 예수 일행의 자금을 관리했다고 한다(요한 12,6 참조). 그리고 여성들의 역할도 중요한데 그녀들은 재산을 팔아 예수를 도왔고(루카 8,3 참조), 예수의 시중을 들었으며(마르 15,41 참조), 예수의 시신에 향유를 바르러 무덤을 찾아갔다(마르 16,1 참조). 이런 제반 상황을 고려할 때 제자단은 예수를 우두머리로 한 일종의 생활공동체를 이루고 있었음을 알 수 있다. 그렇다면 공동체 살림은 어떻게 할 것인가?

예수는 재산의 전적인 포기를 요구한다. 가난한 이들에게 재산을 일단 나누어 준 후 한동안 재산을 다시 모은 다음 또 나누어 주는 식이 아니라, 아예 사유재산의 포기를 선언했다. 베드로의 등장으로 그 점이 분명해졌고 이를 통해 예수는 포기할 대상에 가족을 넘어 사유재산까지 포함시켰다. 말하자면 '사유재산의 포기'는 예수가 이끌었던 생활공동체의 경제원칙인 것이다. 마르코는 그렇게 부자 청년 이야기에 베드로의 경우를 섞어 넣음으로써 역사의 예수가 갖고 있었던 경제관을 분명하게 각인시켰다.

예수와 부자 청년(하인리히 호프만)

── 소유 공동체

예수가 부활·승천한 후 최초로 생긴 공동체를 두고 흔히 예루살렘 모교회라 부른다. 구체적으로 오순절 성령 강림 사건 때 생긴 공동체(사도 2,1-13 참조)를 뜻하는데 두 가지 경제 원칙을 갖고 있었다고 한다.

그 하나는 공동체 구성원 각자가 소유한 재산을 판 다음 그 값을 필요에 따라 공평하게 공동체 내로 다시 분배하는 형태다. 이렇게 모인 돈은 교회의 공동재산이 되었고 그 씀씀이를 관리하는 책임은 사도들에게 돌아갔다. 개개 그리스도인의 입장에서는 공동체의 필요에 따른 사유재산의 매각으로 볼 수 있다(사도 2,45; 4,34-35 참조). 곧 재산의 소유권을 주장하지 않는 것으로 마침내 재산의 공동소유를 지향한다. 개개 그리스도인들의 입장에서는 사유재산권의 포기라 하겠다(사도 2,44; 4,32 참조). 만일 후자를 모교회의 경제 원칙이라 한다면 전자는 실천 원칙이라 할 것이요, 그리스도인들이 자발적으로 재산을 팔아 사도들에게 가져온 일이 먼저 있었다면 전자는 후자에 대한 신학적인 의미 부여일 것이다. 즉, 자기 재산을 팔아 선선히 사도들의 발앞에 내어놓는 신도들의 모습을 보고서 하느님이 인간의 이기적인 마음을 변하게 만드신 놀라운 역사를 이렇게 표현했다는 뜻이다. 아무튼 이렇게 모여진 돈을 바탕으로 초대교회는 내 것 네 것이 따로 없는, 이른바 '소유 공동체'를 이룩해냈다.

신자들은 모두 함께 지내며 모든 것을 공동으로 소유하였다. 그리고 재산과 재물을 팔아 모든 사람에게 저마다 필요한 대로 나누어 주 곤 하였다(사도 2,44-45).

신자들의 공동체는 한마음 한뜻이 되어, 아무도 자기 소유를 자기 것이라 하지 않고 모든 것을 공동으로 소유하였다. 사도들은 큰 능력으로 주 예수님의 부활을 증언하였고, 모두 큰 은총을 누렸다. 그들 가운데에는 궁핍한 사람이 하나도 없었다. 땅이나 집을 소유한 사람은 그것을 팔아서 받은 돈을 가져다가 사도들의 발 앞에 놓고, 저마다 필요한 만큼 나누어 받곤 하였다(사도 4,32-35).

사도행전에 나오는 '소유 공동체' 사상이란 비단 그리스도교에만 국한된 게 아니고, 오히려 지중해권에 널리 퍼져 있던 '유토피아' 사상의 영향을 받은 것이라 해도 좋을 것이다. 그리스 사상가들만 보더라도, 유토피아를 제창했던 플라톤을 비롯해서 아리스토텔레스, 디오게네스, 키케로 등이 있고, 유다 사상가들로는 알렉산드리아의 필론이 있다. 특히, 필론은 소유 공동체가 이루어진 상태를 '코이노니아친교'라는 말로 묘사했다(Prob. 75-86). 하지만 뭐니 뭐니 해도 '소유 공동체'를 땅위에 몸소 실천한 대표적인 예는 유다교 에세네파의 쿰란 공동체[†]에

[†] 유대교의 한 종파인 에세네파에 속한 공동체로 쿰란을 중심으로 형성되었다. 이들은 스스로를 '선택된 자'로 자처하며 독자적으로 율법을 해석하고 엄격한 계율에 따라 수도 생활을 했다. 쿰란 공동체의 실체와 생활상은 1947년 쿰란에서 사해 사본을 비롯한 유물들이 발견되면서 알려졌다.

서 찾을 수 있다. 그들의 공동체 규칙서에 보면, "누구든 자신의 진실함을 보여주려는 자라면, 그 표시로 자신의 모든 힘과 전 재산을 하느님의 공동체로 가져와야 한다. 이로써 하느님을 아는 그의 지식이 깨끗해진다…"(1QS 1,11-13)로 되어 있다. 말하자면 그렇게도 그리던 유토피아가 예루살렘 모교회를 통해 이 땅 위에 실현된 셈이다.

앞의 부자 청년 일화에서 살펴보았듯이, 예수는 공생애 동안 물욕을 배격하고 가난을 실천하라는 가르침을 여러 번 베풀었다. 제자들이 전도 여행을 떠날 때 한 당부가 그렇고(루카 9,3-6 참조, 이른바 '여장 규칙'), 루카복음 12장 33절에서 예수가 직접 "여러분의 재산을 팔아 자선을 베푸시오"라고 한 명령도 찾을 수 있다. 그러므로 1세기 교회의 '소유 공동체'란 철저히 이타적利他的으로 살라는 예수의 가르침과 예수가 몸소 이끌었던 공동체의 모습에 근거해 탄생했다는 결론에 자연스럽게 도달하게 된다. 즉, 예루살렘 모교회는 역사의 예수가 이끌었던 공동체를 이어받으려는 강한 의지가 있었다.

── 다시 최순실

인류 역사에서 인간다운 삶을 떠받치기 위한 대책 마련은 자연스러운 일이었다. 그래서 언제나 인간은 자신의 세끼 밥과 옷가지와 비바람을 막아줄 장소를 마련하는 데 최선을 다했다. 배를 채우고 속옷이라도 걸쳐야 잠을 잘 수 있는 노릇이었다. 예수 역시 이런 사정을 잘 알고 있었으며, 그래서 제시한 원칙이 생활공동체였다. 나눌수록 점점 더 커지는 구원의 가능성을 충분히 인식하고 있었기 때문이다.

안정된 생활수준이라는 게 사실 간단히 정의 내리기 어려운 측면이 있다. 그럭저럭 안심하고 살려면 어느 정도나 필요할까? 몇 년 전 우리나라 젊은이들에게 물어보았더니 집과 직장과 차와 일정한 수입 외에도 통장에 20억은 있어야 걱정 없이 잠을 잘 수 있다고 한다. 이런 욕심 때문에 로마제국 말기로 갈수록 어마어마한 부자들이 등장했고 그들의 생활은 최고 수준에 이르렀다. 그러나 로마 귀족들에게 도덕적 붕괴가 찾아와 결국 제국이 멸망하는 데 일조를 하고 말았다.

그렇다면 요즘은 어떤가? 많은 사람들이 탐내는 명품 가죽 백을 생각해보자. 튼튼하고 품위 있는 악어 백 하나를 소유하려면 우선 살아 있는 악어를 죽여야 하고 뻣뻣한 가죽을 다스리려 독한 화학약품에 담가 두어야 하며 아프리카 소년 소녀의 작은 손으로 가죽에 무두질을 해야 한다. 생명 파괴와 자연 파괴와 어린 노동력 착취가 이루어지는 것이다. 아무리 관대하게 보아주려 노력해도 부자에게선 지극히 평범한 수준의 도덕조차 기대하기 어렵다!

간디는 예수를 두고 위대한 경제학자라 불렀다. 특히, 예수의 경제관은 시공을 초월해 엄청난 영향력을 끼치고 있다는 점에서 탁월하다. 돈 냄새가 나는 곳이면 어디든지 파고들어 이권을 챙겼던 최순실의 경우, 그 뒤에서 고통을 겪고 눈물을 흘려야 했던 많은 사람들의 상처를 보지 않았다. 사람대접을 한 번도 못 받아봤다고 분루를 삼킨 남자나, 수치심을 무릅쓰고 휴대폰을 옷에 닦아 전해준 남자나, 눈 밑의 다크 서클을 빌미삼아 '판다'라는 별명으로 불린 문체부 고위 관리 등이 그 예다.

예수가 지향했던 경제 가치는 사유재산권의 포기이고, 부자 청년은 실망을 안고 돌아가는 바람에 '영원한 생명'을 놓치고 만다. 사도행전에도 그와 비슷한 상황이 그려진다. '소유 공동체' 원칙을 제시한 4장 32-35절 바로 뒤에 하나니아스와 사피라 이야기가 나오는데(5,1-11) 부부는 끝까지 욕심을 버리지 못해 결국 거짓말을 한 현장에서 거꾸러져 숨을 거두고 말았다. 이 대목을 읽었던 당시의 그리스도인들은 헌금 갖고 장난치다가 자칫 하나니아스와 사피라 꼴 날지 모른다는 공포심에 휩싸였을 것이다. 잘못하면 죽는 수가 있다! 사도행전 작가의 편집 의도가 충분히 느껴지는 에피소드다.

희박한 가능성이기는 하지만 다음과 같은 상상을 해본다. 예수의 말씀을 듣고 집에 돌아갔던 청년이 밤을 새워 말씀을 성찰하다가 마침내 큰 깨달음을 얻어 전 재산을 가난한 이들에게 넘기고 예수에게 다시 왔을 경우다. 그러면 아마 예수는 입을 맞추며 청년을 반겼을 테고 청년은 예수의 공동체에서 난생 처음 겪는 자유를 맛보았을 것이다. 복음이 내뿜는 맑고 시원한 공기를 콧속 잔뜩 들이키면서 말이다. 최순실은 세상을 살아가면서 참으로 아까운 기회를 놓쳤다.

마르코복음에서 전하는 예수 덕분에 이 세상은 더욱 풍요해졌다.

"가서 가진 것을 모두 팔아 가난한 사람들에게 주시오. 그러면 하늘에서 보물을 차지하게 될 것입니다"(10,21)

예수는 역시 인류 역사상 최고의 경제학자다.

10.

동성애

—
감자가 뜨거워요

2013년 7월 29일, 프란치스코 교황은 브라질에서 일주일간 열린 세계청년축제를 마치고 이탈리아 로마로 돌아오는 중이었다. 기자들과 이야기를 나누면서 "만일 동성애자가 선한 의지를 갖고 신을 찾는다면 내가 어떻게 그를 심판할 수 있겠느냐"라고 반문했다. 또한 교리 문답은 동성애 행위 자체를 이유로 동성애자를 업신여기지 말고 그들이 사회에 잘 통합하도록 도와주는 역할을 해야 한다면서, 비록 가톨릭이 동성애 행위를 죄악으로 가르치지만 사회에서는 동성애자들을 온전하게 받아들여야만 한다고 강조했다. 이런 보도를 접한 각국 언론은 드디어 가톨릭에서 동성애를 인정했다며 대서특필했는데 정작 가톨릭의 공식적인 입장은 바뀐 게 없다. 동성애와 동성결혼에 대한 반대 입장을 고수하고 있기 때문이다.

그리스도교에서 동성애란 매우 위험한 주제다. 보수와 진보 교단 사이의 갈등은 물론 같은 교단 내에서도 '동성애' 문제만 나오면 편이 갈라지는 게 현실이다. 입장들을 살펴보면 우선 동성애를 죄로 여겨 교회와 사회에서 근절시키고 동성애자들을 악의 세력으로 여겨 싸워나가야 한다는 주장이 있고, 정반대 쪽에는 생물학적으로 성 정체성이 남/여로 정확히 구별되지 않는 사람들도 있다는 주장이 발견된다. 물론 양극단 사이에 수많은 의견들이 있어 각자의 견해를 피력하는 게 현실이다. 그렇게 다양한 입장들을 듣고 있노라면 머리가 빙빙 돌 지경이어서 선뜻 한 입장을 지지하기 거북해진다.

──── 바오로의 견해

교회가 동성애에 대한 반대 입장을 표명할 때면 언제나 바오로가 등장하고 관련 구절로 로마서 1장 20-27절과 코린토 1서 6장 9절이 나온다. 또한 바오로 학파의 작품인 티모테오 1서 1장 10절에서도 반대 입장을 읽어볼 수 있다. 이 구절들에 나오는 '아르세노코이테스'를 흔히 동성애를 암시하는 단어로 꼽는다. 그중 로마서에 나오는 바오로의 견해는 달리 해석의 여지를 찾을 수 없을 정도로 분명하다.

그분의 보이지 않는 속성, 곧 그분의 영원하신 능력과 신성은 세상이 창조된 이래 그 지으신 것들을 통하여 이성의 눈에는 보입니다. 그래서 그들은 변명할 여지가 없습니다. 사실 그들은 하느님을 알고서도 그분께 하느님으로서의 영광과 감사를 드리지 않았고 오히려 자기네 허튼 생각들로 허망하게 되었으며 그들의 지각없는 마음은 어두워졌습니다. 그들은 지혜 있는 자들이로라 자처하고 있지만 어리석은 자들이 되었고 썩어 없어질 수 없는 하느님의 영광을 썩어 없어질 사람과, 날짐승들과 네발짐승들과 길짐승들의 형상을 닮은 꼴로 바꾸어 버렸습니다. 그래서 하느님은 그들의 마음의 욕정대로 그들을 더러움에 부치시어 자기네 몸을 스스로 욕되게 하도록 버려 두셨습니다. 이들은 하느님의 진리를 거짓으로 뒤바꾸었고 조물주 대신 피조물을 위하고 받들어 섬겼습니다. 그분은 세세에 찬송받으시옵니다. 아멘. 그렇기 때문에 하느님은 그들을 욕된 정념에 넘겨 주셨습니다. 실상 그들의 여자들은 자연스러운 성교를 자연에 반대되는 성교로 뒤바꾸었으며 마찬가지로 남자들도 여자와의 자연스러운 성교를 버리고 자기들끼리 서로 색정에 불탔습니다. 그러면서 남자들이 남자들과 파렴치한 짓을 행하곤 하였습니다. 그래서 그들은 자기네 몸을 가지고 저지른 탈선에 마땅한 대가를 받았습니다 (로마 1,20-27).

로마서 1장에서 바오로는 하느님은 세상을 창조했고 인간은 창조된 세상을 통하여 하느님의 본성을 알아볼 수 있게 되었다고 한다. 평소부터 이성적인 판단을 강조했던 바오로의 사고를 감안하면 충분히 이해가 되는 언급이다(1코린 14,19 참조). 그런데 인간은 피조물 뒤의 하느님을 보는 게 아니라 오히려 피조물에 마음을 빼앗겼고 결국 스스로 수치스러운 정욕에 빠져들고 말았다.

여기서 한 가지 질문이 가능한데 피조물을 섬기는 행위와 동성애(바오로식 표현에 따르면 '파렴치한 짓': 아스케모쉬네†) 사이에 비약이 발견된다는 사실이다. 사실 둘 사이에 놓인 개연성이 한눈에 들어오진 않는다. 그런 정황을 고려해서인지 바오로는 "하느님은 그들의 마음의 욕정대로 그들을 더러움에 부치시어"(로마 1,24. 정확히 번역하면, '그 스스로 파렴치한 짓을 받아들이는 게 필요했다')는 말을 덧붙였다. 즉, 인간은 피조물을 통해 하느님을 알아보게 만든 창조주의 진리를 거짓으로 바꿔버린 죄를 저질렀고, 그로 말미암아 인간에게 동성애라는 대가를 치르게 했다는 것이다. 하느님을 몰라본 죄의 결과가 동성애라는 뜻이다. 같은 논리가 로마서 2장 28-32절에서도 이어진다.

바오로 당시 로마 귀족들에게는 한 가지 관행이 있었다. 남자 귀족인 경우 결혼하기 전에 자신보다 어린 소년과 친밀한 관계를 맺다가 결혼을 하면서 관계를 청산한다. 이른바 정신적인 사랑에서 육체적인 사랑으로 넘어가는 꼴인데 헬라어로 치면 '필로스'에서 '에로스'로 바꿔 타는 것이다. 그로 인해 상처를 입은 어린 소년이 자살하는 일도

† 구체적으로는 '알몸을 드러내는 짓'이다. 구약성서에서 이 단어의 쓰임새를 알 수 있다. 탈출 20,26;신명 23,14; 레위 18,6 이하; 신약성서에서는 묵시 16,15.

종종 있었다고 한다. 창세기 2장 24절에 보면 반드시 한 남자와 한 여자가 부모를 떠나 한 몸을 이루어야 하니 동성애란 어떤 이유를 갖다 붙이던지 하느님의 창조 섭리를 어기는 꼴이다.

바오로가 창조 섭리를 거론한 것은 평상시 그의 주장을 감안할 때 충분히 이해가 되는 일이다. 그는 하느님은 당신의 뜻대로 씨앗 하나하나에도 그에 알맞은 몸을 주었기에 동물과 새와 물고기와 사람의 육체가 다르다고 했는데(1코린 15,38-39 참조) 이는 창세기 1장 24-27절에 나오는 날짜별, 종류별 창조를 염두에 둔 것이다. 그리고 여성들은 절대로 남성을 뛰어넘어 교회공동체 집회에서 말을 삼가야 하니(1코린 14,34-35 참조) 이는 하느님이 우선 남자를 만들고 이어서 여자를 만들었다는 창세기 2장의 논리를 갖다 붙인 결과다. 그러니까 바오로에게는 하느님의 창조 질서를 벗어나면 벌을 받아 마땅했던 것이다. 철저한 유다교 신자로 살았던 그의 전력을 볼 때 창조 질서라는 엄정한 기준이 머리에 서 있었던 셈이다.

예수의 견해

동성애에 대한 예수의 직접 언급은 신약성서 어디에도 등장하지 않는다. 그도 그럴 것이 엄격한 율법으로 통제되던 사회에서 동성애란 금기시되는 주제였는데, 실제로 구약성서 창세기에서부터 동성애에 대한 강한 거부감이 눈에 띄기 때문이다(창세 19,1-29; 레위 18,22; 20,13 참조). 예수도 시대의 인물이었으니 동성애 금기에 대해 몰랐을 리 없지만 아무튼 동성애 자체를 거론하진 않았다. 다만 미루어 짐작할 수 있는 언급 하나가 발견된다.

예수는 결혼에 대해 엄격한 입장을 취했다. 그래서 소박이나 파혼하는 경우에 대해서도 엄격한 입장을 취했다. 다음 구절을 주의해서 읽어보자.

> 예수께서 거기서 떠나 유다 지역으로 〔또한〕 요르단강 건너편으로 가시자 또 군중들이 그분께 모여 왔다. 예수께서는 늘 하시던 대로 다시 그들을 가르치셨다. 그런데 바리사이들이 다가와서는 그분을 시험하려고 "남편이 아내를 버려도 됩니까?" 하고 물었다. 그러자 예수께서는 그들에게 "모세가 여러분에게 어떻게 명했습니까?" 하고 되받아 물으셨다. 그들이 "이혼장을 써 주고 아내를 버리는 것을 모세는 허락했습니다" 하자 예수께서는 이렇게 말씀하셨다. "모세는 여러분의 완고한 마음 때문에 그 계명을 적어 여러분에게 남겼습니다. 그러나 하느님께서는 창조의 시초부터 그들을 남성과 여성으로 만드셨습니다. 이 때문에 사람이 자기 아버지와 어머니를 떠나 〔자기 아내와 합하여〕 그 둘은 한 몸이 될 것입니다. 따라서 그들은 이미 둘이 아니고 한 몸입니다. 그러므로 하느님이 짝지어 주신 것을 사람이 갈라놓아서는 안 됩니다."(마르 10,1-9)

결혼식 때 주례사로 많이 들었을 법한 내용이다. 하지만 이 말씀은 원래 주례사에 쓰인 것이 아니라 예수가 바리사이들과 논쟁을 벌이던 중에 나온 것이다. 예수는 바리사이들이 아내를 버려도 되는지 질문하자 모세는 무엇이라 했느냐는 질문으로 되받았고 그들이 신명기 24장 1절을 들어 "이혼장을 써 주고 아내를 버리는 것을 모세는 허락했습니다"라고 하자 그 구절은 모세 개인의 견해라는 사실을 상기시킨다. 그러면서 창세기로 넘어가는데 이 지점에서 예수와 바오로가 만난다. 창세기 2장 24절에 따라 모름지기 부모를 떠나 한 남자와 한 여자가 맺어져야 결혼이 성립될 수 있는 것이다. 언뜻 예수와 바오로 사이에 한 치의 다름도 없어 보인다. 하지만 이 구절을 풀이하는 맥락에선 확연히 구별된다.

예수는 철저히 여성의 입장에서 해석했다. 당시 풍조에 따르면 남편이 아내를 버리는 일은 크게 욕먹을 일도, 지탄받을 일도 아니었다. 『미슈나』의 몇몇 규정만 살펴봐도 그런 풍조를 알 수 있다. 따라서 '이혼장을 써 주고 아내를 버리는 것을 모세가 허락했다'는 말은 아내를 쉽게 버리면 안 된다는 의도의 우회적인 표현일 뿐이다. 이혼장 없이 내쫓긴 소박당한 여인은 하루도 살아가기 어려운 최악의 처지에 놓이는 것이었다. 예수는 신명기 24장 1절의 숨은 의도, 다시 말해 남성들의 이기적인 욕심을 저지하려는 모세의 의도를 알아차려 "여러분의 완고한 마음(스클레로카르디아†) 때문에" 모세가 율법에 자신의 생각을 삽입한 것으로 여겼다. 예수가 마치 오늘날 성서 연구 방법인 '편집비평'을 사용해 성서 말씀을 분석한 듯하다. 이로써 창세기 2장 24절은 남녀가 결혼해야 한다는 건조한 창조 섭리보다 여성의 인권, 더 나아가 소외자의 인권을 강조한 것으로 볼 수 있다. 같은 구절을 두고 바오로와 사용하는 맥락이 무척 다른 셈이다.

우리 시대의 창조 섭리

같은 창세기 2장 24절에 대한 예수와 바오로의 이해가 사뭇 다름을 살펴보았다. 바오로는 문자에 치중해 남자와 여자가 한 몸을 이룬다는 말 자체에 강조점을 둔 반면 예수는 사회적 약자로서 여성의 입장을 고려해 이 말씀을 사용했다. 아무래도 문자에서 벗어나지 못했던 바오로보다는 예수가 여러 수 위라는 생각이 든다.

예수는 사람들의 사고가 융통성을 잃어 마음까지 굳어진 까닭에 모세가 신명기 24장 1절을 덧붙였다고 말한다. 하느님의 말씀에 인간이 자신의 생각을 덧입힌 것이다. 당시 남성들이 얼마나 마음 내키는 대로 이혼을 했으면 모세가 이런 말까지 덧붙였을까. 예수의 말씀은

---

† 이 단어는 스클레로스(굳은, 진위한, 무자비한)와 카르디아(마음)의 합성어로 심성이 굳어져 더 이상의 융통성이 없는 상태를 뜻한다. 여성에게 잔혹했던 남성들의 행태를 꼬집은 것으로 볼 수 있다.

별것 아닌 견해인 듯싶으나 유다교 전통에 비춰보면 천인공노할 일이 었다. 감히 하느님의 지엄하신 명령에 댓글을 달다니! 그리고 신명기 24장 1절 앞뒤 어디에도 '모세 왈ㅂ'이라는 말이 없지 않은가. 예수 말씀의 독특함은 바로 거기에 있다. (구약)성경에 인간의 견해가 들어 있다는 것만으로도 모자라 하느님의 뜻을 완전히 이해해 전달한 인물로 추앙받는 모세까지 들먹여 모욕을 준 셈이다. 유다인에겐 비록 모세가 받아 적기는 했지만 이는 엄연히 하느님 자신의 뜻인 것이다.

예수의 입장은 분명하다. 창조 질서로 돌아가야 한다! 무엇인가 모순이 생겼을 경우 반드시 하느님이 세상에 부여한 질서로 돌아가 회복해야 한다. 여자가 인간 대접받지 못하는 세상이라면 하느님께서 창조 때부터 원래 남녀에 차별을 두지 않았음을 기억해야 한다. 그리고 성적 정체성에 혼란을 느끼거나 동성 사랑을 느끼는 사람이라면 하느님이 원래 그렇게 만들었다는 사실까지 인정해야 한다. 또한 이를 통해 하느님이 우리에게 말씀하시는 바가 무엇인지 열심히 물어보아야 한다. 프란치스코 교황의 말에서 추론하면, 교회는 동성애자들을 기꺼이 받아들이고 사랑을 실천하여 창조 섭리를 수용해 마땅하다.

예수의 혁명적 발언이 유다 종교 지도자들을 경악케 했음은 불 보듯 빤하다. 갈릴래아에서 온 막무가내 남자가 도저히 그냥 넘어가서는 안 될 망언을 한 것이다. 성경을 넘어 이제 모세까지 들먹이며 하느님을 모욕하고 있다. 그러니 아무래도 날을 잡아 처단하는 게 좋겠다. 이제 곧 예루살렘으로 들어올 테니 거기에 이 문제를 처리해보자(마르

14,1-2 참조). 비록 당시 예수 곁에 살진 않았지만 대충 읽어낼 수 있는 분위기다. 요즈음 동성애를 다루는 교회의 분위기와 흡사하다.

시카고 신학교 테드 제닝스 교수는 최근 인터뷰에서 이렇게 말했다. "동성애는 근대적인 개념이다. 지금 우리가 문제 삼는 동성애를 정죄하는 구절은 5세기에 이르러서야 동성애적으로 해석하기 시작했다. 실제로 바오로가 이 구절에서 비판한 것은 동성애가 아니라 로마 지배층 사이에 있었던 공공연한 강간 문화였다. 권력을 가진 사람이 밑에 있는 사람들을 남자든 여자든 원하는 대로 강간하는 일들을 문제 삼은 것이다. …바오로가 권력자들을 비판한 본문이 아이러니하게도 주변인인 성소수자들을 저주하는 본문으로 완전히 거꾸로 해석되고 있는 것이다"(2018년 8월 30일자 「한겨레신문」). 한 번쯤 귀 기울여볼 만한 견해다.

교회에서 동성애 문제는 표류하고 있다. 성서에 남녀가 한 몸을 이룬다고 분명히 써져 있으니 그대로 따라야 한다는 입장이 있는 반면, 태어날 때부터 성적 정체성이 남/여로 정해지지 않은 사람들이 있다면 이 역시 하느님의 창조 섭리로 인정하라는 주장도 있다.

이 글의 목적은 어느 쪽이 옳은지 선택하는 게 아니고 다만 상황을 정리하는 것이니 이쯤에서 마치는 게 좋겠다.

11.

율법

― 율법이여 안녕

우리나라에서 일하는 외국인 근로자 숫자가 적지 않다. 백만 명을 훌쩍 넘은 지가 이미 오래라고 한다. 이렇게 된 데는 우리 젊은이들이 이른바 3D 직종을 회피하는 원인이 있겠고 동년배들 중 70%나 되는 대학졸업자 대부분이 사무직이나 관리직을 원하는 이유에서도 찾을 수 있다. 그러나 무엇보다 중요한 원인은 우리나라 경제가 아시아에서도 정상급이라 상대적으로 취업 기회가 많기 때문일 것이다. 말하자면 돈 벌 기회도 없는데 외국인 근로자들이 급격하게 늘어날 리 없다는 뜻이다.

이런 상황에서 인권 문제가 대두되는 것은 어쩔 수 없다. 상당수의 고용주들이 싼 임금 덕분에 외국인 근로자, 특히 불법체류 외국인에게 일을 시키니까 그들의 권리를 하나하나 찾아줄 수 없는 노릇이다. 여기에 인면수심의 몇몇 악덕 고용주 사례가 전해지면서 외국인 근로

자들의 인권이 대대적으로 문제가 되었다. 그리고 전 대통령들 중 어느 분이 한국 땅에서 외국인 노동자들이 어깨를 펴고 다니지 못하게 만들겠다는 몰상식한 발언을 한 것도 기억난다. 고용 시장의 물정을 이만저만 모르는 경우가 아니다. 그렇다면 외국인 근로자들의 인권을 찾아주는 효과적인 해결책은 무엇이 있을까?

우선 이들을 고용한 모든 사업주를 한자리에 모아 인권 교육을 시키는 방법이다. 이때 아름다운 마음씨를 가진 수도자들과 기부 천사로 알려진 연예인들을 대거 불러 영성 교육과 웃음 강의를 반복할 수 있다. 그리고 역량 있는 인권 강사들에게 부탁해 최고로 멋진 교육을 한다. 사업주들의 굳은 마음에 사랑을 불어넣어 이제부터는 외국인 근로자를 마치 자식처럼 대해 웃음꽃이 피어나는 직장이 되기를 기대하면서….

단언컨대, 실현 불가능한 일이다. 사업주들 내면의 변화를 유도하겠다는 뜻인데 도대체 경제적 이득을 포기하면서까지 외국인 노동자의 복지에 애쓸 사람이 몇 명이나 되겠는가 말이다. 그렇다면 다음과 같은 방법은 어떨까? 국회에서 외국인 근로자들의 노동삼권을 보장하는 법을 제정하여 통과시킨다. 그리고 시행령으로, 이를 따르지 않는 사업주에게 엄청난 과징금을 부과하고, 부당한 대우를 받는 외국인 노동자들이 신고만 하면 사업주는 쇠고랑을 차고, 정부가 발 벗고 나서 밀린 임금과 노동삼권을 철저히 지켜준다. 내면의 변화는 불가능해도 법이 무서워서라도 대부분의 사업주들이 이를 따를 것이다. 법이 갖는 긍정적인 면이다.

예수 시대 이스라엘에는 종교, 경제, 사회 등 온 나라를 이끌어가는 절대원칙으로 율법이 있었다. 이는 유다인들이 그만큼 잘나서가 아니라 나일과 메소포타미아 문명권 사이에 놓여 있어서 일찌감치 법치국가 개념을 받아들였기 때문이다. 사실 하느님이 주신 율법에 기초한 법치국가는 이스라엘의 신념이었다. 그런데 난데없이 바오로가 나서서 율법의 무용성을 주장한 것이다. 이는 비단 일반 유다인뿐 아니라 그리스도 신앙을 가진 유다인들마저도 허용하기 힘든 위험한 사고방식이었다. 도대체 자기가 뭐라고? 그 사람은 한때 그리스도 교회를 부수어 없애겠다며 설치고 다녔던 자 아닌가!(갈라 1,13 참조).

── 예 수 와 바 오 로 의 율 법 이 해

바오로는 비록 스스로 밝히진 않았지만 원래 율사 공부를 했던 사람일 가능성이 매우 높다. 율사 후보생의 필수 과목인 '조상들의 전통'에 정통해 있었음(갈라 1,14 참조)은 물론 '율법과 예언서'를 수시로 자신의 편지에 인용하는 능력이 가히 수준급이고 그리스도인을 가혹하게 박해한 전력은 제도권 유다교의 앞잡이였음을 추측할 수 있게 한다. 그러던 사람이 놀라운 계기로 인해 사도로 거듭난다. 부활하신 예수를 만난 것이었다. 그때 주님께 받은 사명이 갈라티아서 1장 15-16절에 잘

나와 있다. "그러나 나를 내 어머니의 태중에서부터 가려내시어 당신의 은총을 통해서 부르신 분께서 내가 당신의 아드님을 이방민족들에게 전하도록 그이를 내게 계시하시기로 기꺼이 작정하셨습니다." 이 고백에서 알 수 있듯이 바오로는 자신을 주님에게서 직접 사명을 받은 사도로 인식했다. 구체적으로는 '이방인에게 복음을 전하는 사명'이었다.

그리스도의 사도가 된다는 것은 무엇을 의미할까? 예수에게 발탁되어 복음 전파의 사명을 수행한다는 사실을 과연 어떤 맥락에서 이해해야 할까? 여기서 잠시 율법에 대한 예수의 입장 한 가지를 살펴볼 필요가 있다. 예수는 율법의 맹세 규정에 대해 다음과 같이 말씀한 바 있다.

> "거짓 맹세를 하지 말라. 너의 맹세대로 주님께 해 드려라" 하고 옛 사람들에게 말씀하신 것을 여러분은 또한 들었습니다. 그러나 나는 여러분에게 말합니다. 아예 맹세하지 마시오(마태 5,33-4).

따옴표 부분은 맹세에 대한 규정들로 각각 레위기 19장 12절과 신명기 23장 22-24절에서 따온 것들이다. 앞의 것은 과거에 이러이러한 일을 했거나 하지 않았음을 다짐하는 과거지향적·단정적 맹세이고 뒤의 것은 앞으로 이러이러한 일을 하거나 하지 않을 것임을 약속하는 미래지향적·서약적 맹세이다. 이 두 가지는 율법에서 찾을 수 있는 맹세

규정의 전부다. 그러니까 예수는 두 규정을 통해 이스라엘에서 행해지는 맹세 관행의 모든 경우를 내포했던 셈이다. 그리고 덧붙인다. "아예 맹세하지 마시오."

예수의 입장은 더없이 분명하다. 어떤 경우든 어떤 형태든 맹세를 금지한다. 하늘을 두고도, 땅을 두고도, 예루살렘을 두고도, 심지어 자기 머리카락을 두고도 맹세해선 안 된다. 단지 '예' 할 것은 '예', '아니오' 할 것은 '아니오'라고 하면 충분하다(마태 5,34-37 참조). 맹세에 관련된 율법 규정의 폐지를 선언한 것이다. 이 같은 예수의 선언은 실로 파격적이었다. 율사들의 가르침에 따르면 율법 규정에 대한 전통적인 해석은 일점일획도 바꿀 수 없고(마태 5,18) 이를 어기면 율법 전체에 도전하는 행위로 여겼다. 사실 율법이라는 것은 원래 모세를 시나이산으로 불러 하느님이 직접 주신 것이기에 인간이 건드릴 수 있는 차원을 넘어선다. 그런데 율법의 폐지라니! 말하자면 예수는 감히 거룩한 하느님의 권위에 도전한 인물이었다.

이방인 전도의 사명을 받은 바오로에게 예수의 파격적인 선언은, 한편으로는 독이었고 다른 한편으로는 약이었다. 평생 신념을 갖고 지켜온 율법의 포기는 무척 아쉬운 일이었지만 이방인 선교에는 매우 유용했다. 물론 바오로는 이방인의 사도답게 '율법의 폐지'라는 파격 노선을 선택했다. 문제는 그다음부터다. 앞서 말했듯 율법으로 대변되는 '법'의 긍정적인 측면이 엄연하게 살아 있었기 때문이다.

바오로는 우선 율법 자체는 하느님이 주셨기에 거룩하고 정당하다는 사실은 인정한다(로마 7,12 참조). 그런데 정작 걸림돌은 법을 통해서 죄가 무엇인지 알게 된다는 점이다. 예를 들어 도로교통법이 생기기 전만 해도 무단횡단은 범법 행위가 아니었다. 그런데 다짜고짜 애먼 곳에 횡단보도를 그려놓으면 그 날부터 범법자들이 생겨나기 시작한다. 불과 어제까지만 해도 밤이고 낮이고 자유롭게 길 건너편 가게를 오갔던 사람에게 갑자기 빙 돌아서 건너가라고 명령하는 꼴이다. 그리고 평소 습관대로 건너다간 파출소에 끌려가기 십상이다. 시나이산에서 모세가 율법을 받기 전까지만 해도 죄라는 게 무엇인지 몰랐던 것과 같은 이치다(갈라 3,19 참조).

같은 논리로 바오로는 율법이 대대손손 감시자 역할을 해왔음을 상기시킨다. 그리스 귀족들은 자제 교육을 할 때 이를 전담하는 노예^{파이다고고스}를 두곤 했다. 이 노예는 귀족 자제가 학교를 갈 때마다 붙어 다니며 공부를 잘하는지 감시하고 종종 회초리까지 휘둘렀는데 그 가혹함이 치를 떨게 했던 모양이다. 그러다가 16세에 이르러 성인이 되면 비로소 파이다고고스에게서 벗어나 자유를 누리는데 그 기쁨이 엄청났다. 멀리 갈 것도 없이 한국의 입시 상황을 떠올리면 금세 이해가 간다. 바오로는 율법이 바로 파이다고고스, 즉 감시노예와 같다는 설명을 했는데 헬라 사람이라면 자연스럽게 이해할 수 있는 은유였을 것이다.

신앙이 오기 전에 우리는 율법 아래 갇혀 있으면서 장차 신앙이 게 시되기까지 감시를 받아 왔습니다. 그래서 율법은 그리스도 오실 때까지 우리의 감시자였으니 그것은 우리가 신앙을 근거로 하여 의롭게 되기 위함이었습니다. 그러나 신앙이 이미 온 다음부터 우리는 더 이상 감시자 아래 있지 않습니다. 사실 여러분은 모두 그리스도 예수 안에서 신앙으로 말미암아 하느님의 아들들입니다(갈라 3,23-26).

율법의 끝

바오로에 따르면 예수는 율법을 무력화시킨 인물이다. 모든 죄는 글로 쓰인 '법'이 아니라 하느님 앞에서 판가름 난다. 하느님 앞에 부끄럽지 않으려면 오직 "예 할 것은 예, 아니오 할 것은 아니오"면 충분하다. 율법 조문에 기대어 하느님의 기준을 알아내는 일은 절대 불가능하다. 예수의 등장으로 의미적으로나 실질적으로나 율법의 시대는 종지부를 찍었다.

그리스도께서 율법의 끝마침이 되시어 믿는 모든 이에게 의로움이 되어 주셨기 때문입니다(로마 10,4).

"율법의 끝"에서 끝을 뜻하는 헬라어는 '텔로스'다. 이 단어는 '목적'

이나 '마지막'이라는 뜻도 갖지만 바오로의 주장에 따라 율법이 이제 그 수명을 다했다는 차원에서 '끝'으로 번역해야 마땅하다. 예수는 시대의 역사를 새로 쓰는 분으로서 율법의 종말을 선언한 분이다. 그분에 따르면 정신이 사라진 전통이란 비록 유구한 세월을 지켜왔더라도 아무 쓸모가 없으며 쓰레기통에 버려도 하등 문제될 게 없다. 그리고 평생 천금처럼 아꼈던 '율법'의 폐지는 바오로에게 참 인간으로서 느낄 수 있는 최고의 자유를 선사했다. 그렇다면 수천 년 이스라엘 전통을 단번에 상대화시킨 그의 자신감은 어디에서 나온 것일까? 오로지 "율법의 끝으로서 예수" 때문에 가능한 일이었다.

바오로는 율법 자체는 영적으로 보았다. 그러나 일단 율법을 통해 죄가 드러난 이상 자신은 법을 어겨 죄를 지을 수밖에 없고, 자신이 죄에 팔린 존재라는 사실까지 드러났다. 그의 표현을 보자.

> 사실 나는 내적 인간으로서는 하느님의 법에 기꺼이 동의하지만, 나는 내 지체 안에서 또 다른 법을 알아봅니다. 그것은 내 이성의 법을 거슬러 싸우며 내 지체 안에 있는 죄의 법 안에 나를 사로잡고 있습니다. 비참한 인간, 그것은 바로 나입니다. 누가 이 죽음의 몸에서 나를 구해 내겠습니까?(로마 7,22-24)

바오로는 율법 앞에서 자신이 얼마나 초라한 존재인지 깊이깊이 깨달았다. 일단 법 앞에 서면 아무리 노력을 해도 소용없다. 그는 예수의

에페소에서 설교하는 바오로(유스타쉬 르 쉬외르)

말씀을 통해 역사적인 차원에서 율법을 이해하려 했다. 그래서 아브라함에게 주어진 약속에서 무려 430년이 지나 모세에게 율법이 주어졌음을 환기시킨다(갈라 3,18-19). 율법이 경제와 사회와 종교를 옥죄었던 것이다. 그리고 무엇보다 율법은 인간 스스로의 나약함을 깨닫게 만드는 역할을 해왔다. 멀리 갈 것도 없이 육체의 욕망에 노예로 살아가는 바오로 자신이 바로 율법의 어두운 그림자였다. 같은 의미에서 율법은 모세 이후 천 년 이상 인간의 감시자 역할을 톡톡히 해온 셈이었다. 예수가 등장해 상황을 완전히 바꿔놓기 전까지 말이다. 예수의 율법 폐지 선언이 바오로에게 어떤 의미로 다가왔는지 짐작이 가능하다.

"나는 과연 비참한 인간입니다." 바오로의 이 솔직한 고백이 오래전에 내 마음에 꽂혔다. 노동법을 앞세워 정의를 실천하겠다고 목소리를 높였던 1970/80년대나, 모든 모순을 논리로 척결하려 했던 1990/2000년대나, 더 큰 세상 이치를 짐짓 아는 체하는 요즘이나, 여전히 나는 무력함을 느끼고 있다.

외국인 근로자들의 인권을 위해 근로기준법을 동등하게 적용해야 한다. 이는 우리나라의 시대적 사명이다. 그리 되면 아마 많은 수의 외국인 근로자들이 숨 좀 돌리고 살게 될 것이다. 나는 개인적으로 그 날을 기대한다. 하지만 법에는 그렇게 긍정적인 측면만 있는 게 아니다. 오히려 법은 슬픈 역사에 더 가까이 다가서 있다.

근대 이후 전쟁은 언제나 법으로 대변되는 정의의 이름으로 자행되었다. 그와 더불어 국가는 개인의 인격에 대한 일체의 권리를 불허하고 오직 '(국가가) 원하는 것은 무엇이든 허용된다'는 일반 원칙을 경제, 사회, 종교, 역사 등 모든 분야에 무차별적으로 적용한다. 국가가 마음먹고 법을 제정하면 교과서를 단일화하고 비정규직 노동자들을 해고하는 일도 얼마든지 가능하다. 이른바 법 보존적 폭력이 발생하는 것이다. 독일의 유명한 문학평론가이자 철학자인 발터 벤야민의 글 「폭력 비판Zur Kritik der Gewalt」에 담긴 내용이다.

1세기 교회에서 최고의 파란을 일으킨 사람은 바오로다. 미적미적하면서 유다교의 끈을 놓지 못하고 있었던 유다계 그리스도인들과 확실하게 선을 그은 사람이라서 그렇다. 바오로는 율법을 전공한 사람답게 율법 안에 내포된 약점을 파악해냈고, 이를 극복하는 길을 예수에게 배웠다. 비록 살아생전 예수를 만난 적은 없지만 1세기 교회의 어떤 제자들보다 예수의 가르침을 잘 이해했다. 바오로가 없었다면 우리는 아직도 율법에 따라 공동체 소속의 징표로 할례를 받고 피 냄새 진동하는 동물 제사를 바치고 있었을지 모른다.

율법이여, 우리에게서 영원히 안녕!

12.

자유

예수, 자유의 수여자

"어리석은 자는 경험에서 배우고 지혜로운 자는 역사에서 배운다." 독일의 철혈재상 비스마르크가 남긴 말이다. 여기 숨은 뜻은 아마 지난 역사에서 인류가 저지른 과오를 반복하지 말라, 혹은 과오를 지혜롭게 넘긴 사례를 취해 시금석으로 삼아라일 것이다. 하지만 이 말이 성립되기 위해서는 먼저 인간 스스로 역사를 가늠하는 법부터 바르게 배워야 한다. 이를테면 히틀러 시대에 저질렀던 과오를 통해 무엇을 배웠느냐에 따라 그 이후 인류의 운명이 결정된다는 의미겠다. 그러므로 인간은 언제나 역사의 도전 앞에 놓인 존재다.

'자유'란 무엇일까? 만일 개인이 무엇이든 마음대로 할 수 있는 게 자유라면 이는 한때 절대왕정 시절에 왕이 누렸던 무소불위의 권력만이 자유라 불릴 수 있을 것이다. 사실 과거의 전제군주들은 종종 자신의 안위를 위해, 자신이 통치하는 나라에서 몇 만 명쯤 희생하는 일 따위는 대수롭게 않게 여겼다. 제 마음대로 전쟁을 일으켜 농부들을 전쟁터에 내보냈다가 정치적인 여건 변화에 따라 갑자기 평화조약을 맺기도 했다. 군주의 눈엔 졸지에 차출되어 전쟁터에 나온 농부의 죽음이란, 죽음도 아니었던 셈이다. 세상을 떠난 북의 지도자도 목숨 몇 천쯤 대수롭게 여기지 않았다는데 그 말에서 전제군주의 추악한 냄새를 맡은 기억이 난다. 자유에 대한 방만한 정의라 하겠다.

그와 반대로 문명사회에 접어들면서 자유를 누릴 수 있는 사람들의 범위는 점점 더 확장되었다. 전제군주가 절대 권력 아래 누렸던 자유를 이제는 모든 사람이 다 나누어 가지려 노력했다는 뜻이다. 그 과정이 물론 쉽지 않았다. 비록 소수이긴 했지만 고대 그리스-로마의 자유민들이 있었고, 중세가 지나면서 자유로운 공기를 숨 쉬려 도시로 진출한 농노들이 있었고, 자유·평등·박애를 혁명 이념 삼아 절대왕정을 몰아낸 프랑스 시민, 그리고 진정한 자유와 참된 인권의 회복을 위해서 계급을 철폐해야 한다고 주장한 마르크스도 있었다. 이런 역사를 생각해보면 자유란 결코 저절로 주어지는 게 아니라 자신의 열악한 처지를 바꿔보려는 끈질긴 투쟁으로 쟁취된다는 중요한 교훈을 얻을 수 있다.

빌라도 앞에 끌려온 예수(미하이 문카치)

── 예수가 선사한 자유

예수가 활동하던 때의 유다 땅에서 자유란 오직 지배층의 몫이었다. 하지만 이마저도 정복자 로마제국의 위세에 짓눌려 반쪽짜리 자유만 갖고 있었을 뿐이다. 로마는 광활한 제국을 다스리기 위해 갖은 꾀를 짜냈다. 그래서 겉으로는 식민지에 자유를 주는 척했지만 실속을 꼼꼼하게 챙겨가는 정책을 수행했다. 이를테면, 식민지 재정관은 로마인 관리가 맡았지만 세금을 직접 거두는 일은 현지인을 고용해 피지배층의 원성이 모두 동족에게 돌아가게끔 만들었다. 우리가 잘 아는 세리 마태오나 세관장 자캐오는 유다인이었지만 동족에게서 욕을 도맡아 얻어먹는 처지였다. 오죽했으면 예수조차 "사실 여러분을 사랑하는 사람들만 사랑한다면 여러분이 무슨 보수를 받겠습니까? 세리들도 그만큼은 하지 않습니까?"(마태 5,46)라는 말을 했을까.

그런 식의 교활한 식민정책을 정착시키기 위해서는 당연히 토호 세력의 협조가 필요했다. 그래서 필요했던 이들이 바로 유다의 정치 귀족들이었다. 또한 철저한 야훼 신앙을 갖고 있던 유다인을 관리하려면 종교지도자들을 구워삶는 일도 필수적이었다. 그렇게 로마와 유다의 지배 계층 사이에 서로 주고받는 동반 관계가 형성되었는데, 이를테면 예수의 죽음을 두고 빌라도와 종교지도자들 사이에 이루어진 거래를 대표적 예로 꼽을 수 있다. 현지 사정에 따라 제국 고유의 권리인 사형권의 우회적 행사도 가능했다는 뜻이다. 마르코복음 15장이나 요한복음

18-19장을 자세히 읽어보면 당시의 사정을 어느 정도 짐작할 수 있다.

지배층들은 권력을 유지하기 위한 수단을 갖기 원한다. 종교지도자들은 자신들의 자유를 로마제국에 담보로 맡긴 대신 유다 땅에서 적절하게 힘을 발휘할 여지를 마련해두었다. 바로 이 지점에서 율법이 그 힘을 발휘한다. 그렇게 율법이 사회를 이끌어가는 기준이 되면 필연적으로 율법에서 소외되는 계층이 생기고, 결국 율법이란 지배자의 통치 수단으로 전락하고 마는 것이다. 문화의 소유 여부가 지배층과 피지배층으로 나뉘는 기준이 된다는 평범한 진리가 여지없이 적용되는 사회였다. 하느님이 손수 만들어주신 구원의 율법이 그처럼 처량한 신세에 빠져 있었다. 율법이 종교·정치 귀족들의 위치를 굳건하게 지켜주는 패권주의의 수단으로 전락하고 말았기 때문이다.

다음으로 권력을 거머쥔 자들은 언제나 소수小數를 지향하는데 소수에게 권력이 집중될수록 권력의 양과 질이 월등해지기 때문이다. 의인이 줄면 줄수록, 또한 죄인의 숫자가 많아지면 많아질수록 의인의 지위가 상승되기 마련이다. 따라서 율법에서 소외된 사람은 모두 죄인으로 치부되었다. 예수 시대에는 죄인을 직업상 죄인과 태생 죄인으로 분류했다. 세리, 목동, 푸줏간 주인(백정), 의사, 고리대금업자, 개똥 수거꾼 등은 천한 직업을 가졌다고 하여 죄인으로 취급받았고, 사생아, 앉은뱅이 같은 병자, 이방인, 사마리아 사람, 여자 등은 태생 죄인으로 취급받았다. 이런 상태에서 죄인들은 틀림없이 율법의 무게에 짓눌려 제풀에 지옥에 떨어지리라는 패배 의식에 사로잡혀 있었을 것이다.

"율사들과 바리사이들이 모세의 자리에 앉아 있습니다. …그들은 무겁고 [힘겨운] 짐들을 묶어 사람들의 어깨에 메우고 자신은 그것을 나르는 데 손가락도 대려 하지 않습니다"(마태 23,2-4).

예수가 공생활을 시작하면서 처음으로 한 말씀이 마르코복음에 나온다.

> 요한이 잡힌 후에 예수께서는 갈릴래아로 가셔서 하느님의 복음을 선포하시며 이렇게 말씀하셨다. "때가 차서 하느님의 나라가 다가왔습니다. 여러분은 회개하고 복음을 믿으시오."(마르 1,14-15)

여기서 '하느님의 나라'는 회개와 믿음이 절대적인 전제 조건으로 제시되어 있다. 따라서 회개만 하고 믿기만 하면 하느님 나라를 받아들이는 게 된다. 회개란 물론 죄에서 회개일 테고 믿음은 하느님에 대한 믿음일 테니 그리 새로운 게 없을지 모른다. 하지만 문맥을 살펴보면 이야기가 달라진다. 세례자 요한이 잡혔다는 것은 예수와 요한 사이에 선이 그어졌다는 의미이고 하느님 나라를 받아들이는 조건에서 율법이 제외된다는 점은 율법으로 가늠되던 구원의 기준이 사라졌음을 알 수 있다. 즉, 예수의 말씀을 통해 새로운 시대가 선포된 것이었다.

여기서 유의할 점은 예수의 선포가 전통과의 단절이 아닌 전통의 해체라는 사실이다. 예수가 야훼 신앙을 부정한다거나 율법을 무용지물로 만드는 게 아니기 때문이다. 아무튼 예수의 선포를 통해 율법으

세례 요한의 설교 부분 (피터르 브뤼헐)

참수되는 세례 요한(피에르 퓌뷔 드 샤반)

로 대변되던 기존의 억압적 구조에서 이스라엘이 해방됐다는 사실이 중요하다. 더 이상 구약舊約의 백성이 아니라 신약新約의 백성인 것이다. 구약 시대의 마지막 예언자였던 요한의 퇴장이 그 사실을 웅변적으로 알려준다.

─ 바오로의 자유

우리는 흔히 '예수 믿고 자유를 얻었다'고 한다. '자유엘류테리아'라는 낱말은 신약성서에서 맥락에 따라 명사나 동사나 형용사적 형태로 쓰이는데, 주로 바오로의 편지에 등장한다. 한 가지 재미있는 점은 자유가 헬라 세계에서 통용되는 낱말로 히브리어에는 이런 낱말 자체가 없다는 것이다.

'속박에서 해방'이라는 의미(갈라 5,1 참조)로서 '자유'는 헬라 세계 풍습인 '속량'을 연상시킨다(1코린 6,20; 7,23 참조). 바오로가 살았던 헬라 세계에는 노예를 해방시켜주는 관습이 있었다. 누구인가 노예 상태에서 해방이 되려면 신전에서 해방 의식을 치러야 한다(속량). 그리고 해방의 대가로 일정액의 돈(속전)이 신 앞에 바쳐지는데 이는 노예 주인의 몫으로 돌아갔다. 속량 의식을 통해 노예는 신의 소속이 되어 전 주인으로부터 자유를 얻고 그렇게 해방된 노예는 그때부터 자유인으

로 살 수 있다.†

이제 속박과 관련해 갈라티아서 2장 4절의 '그리스도를 믿음으로써 우리가 누리는 자유'라는 표현을 살펴보자. 바로 앞 4절에서 티토가 받을 뻔했던 할례를 거론한 것을 보면 속박이란 당연히 율법의 속박을 의미하게 된다. 그리스도의 죽음으로 율법의 속박에서 벗어났으며 이는 마치 헬라 세계에서 노예가 자유를 찾는 것에 비견할 수 있는 것이다. 따라서 부활한 주님이 계신 곳에 자유가 넘쳐흐르게 될 법하다(2코린 3,17 참조).

하지만 이 자유는 절대 남을 해칠 수 있는 자유가 아니다. 남의 양심이 상하지 않도록 절제되어야 할 자유라 하겠다(1코린 10,29 참조). 그래서 차마 우상에게 바친 고기를 먹지 못하는 약한 마음의 교우들 앞에서는 자신도 고기 먹는 일을 자제해야만 한다(1코린 10,23-33 참조). 그처럼 자유는 하느님에게서 주어진 것은 분명하지만 욕심을 만족시키는 도구로 사용하면 절대 안 될 일이다(갈라 5,13 참조). '자유'에 대한 바오로의 입장을 단호하게 보여주는 곳은 로마서 8장 20-21절이다.†

> 실상 피조물은 허무에 굴복했지만 제 본의가 아니라 굴복시킨 분으로 말미암아 그리 된 것입니다. 그러나 희망은 있습니다. 그것은, 피

---

† 여기서 노예 해방의 대가로 바치는 돈을 속전이라 부르며, 바오로는 예수라는 속전을 내고 인간을 (죄의) 노예 상태에서 해방시켜준 것으로 여겼다. 즉, 하느님은 칫값(예수 그리스도의 죽음)을 치러 인간을 속량해주신 것이다. 따라서 인간의 입장에서 보면 자신의 노력 없이 거저 구원을 받는 하느님의 은총을 입은 셈이다. 속량과 속전은 당시 문화를 알아야만 이해될 수 있는 개념이다.
† 바오로가 사용했던 자유 개념과 연결해 6,18-22; 7,3; 8,2도 주의 깊게 살펴보아야 한다.

조물 자신도 부패의 종살이로부터 하느님 자녀들의 영광과 자유(엘류테리아)를 위해 해방되리라(엘류테로테세타이)는 희망입니다(로마 8,20-21).

로마서 8장 20-21절에서 바오로는 희망을 이야기하는데 그 희망은 피조물이 종살이에서 자유로워져서 하느님의 자녀가 누리는 영광을 얻는 것을 뜻한다. 여기에 사용된 동사 '엘류테로테세타이'는 미래 수동형으로 앞날에 거는 희망을 표현한다. 그러니까 궁극적 자유는 아직 달성되지 않았지만 그리스도께서 인간들을 위해 이미 이루어놓은 자유가 있는 것이다.

앞의 본문들에서 발견한 것처럼 '자유'라는 개념을 정의 내리기는 쉽지 않은데 '자유'에 대한 일반적인 정의와 차이가 나기 때문이다. 그러나 한 가지 분명한 점은 바오로에게 '자유'란 그 자체로서 목적이 될 수 없다는 사실이다. 이렇게 된 이유는 아무래도 바오로의 머리에 '구원'이라는 실질적인 목표가 있었기 때문으로 보인다. 따라서 바오로의 용법에 따르면 자유란 자유로운 상태 자체를 가리키는 게 아니라 방향성을 가져 'A로 가기 위해 B로부터 자유를 얻다'는 과정에 유용한 개념이 될 수밖에 없다. 그러니 바오로가 사용한 '자유'는 '죄(혹은, 죽음, 육, 노예, 아담)로부터 자유'라는 식으로 이해해 마땅하다. 바오로에게 자유란 다분히 유동적이며 과정적인 개념이었다(1코린 10,23-33 참조).

━ 목표에서 과정으로

예수 당시의 기층 종교·정치 세력은 하느님의 나라를 계층적으로 해석하는 데 이골 난 자들이었다. 그들에 따르면 하느님 나라는 율법 규정들의 일점일획까지 철저히 지키는 의인들의 몫이지 결코 죄인의 차지가 될 수 없는 노릇이었다. 게다가 유다인/이방인으로 나누어 생각하던 유다인들의 민족적인 우월감에 비추어 보면 이방인들에게는 하느님 나라가 주어질 리 만무하다. 그러나 예수는 하느님 나라를 받아들일 수 있는 대상을 구분하지 않았다. '누구라도 회개하고 복음을 믿으면 하느님 나라에 들어갈 수 있다'는 말씀의 강조점은 '회개'에 있는 게 아니라 '누구라도'에 있다. 회개할 수 있는 자격에 구분이 사라진 셈이다. 그처럼 하느님 나라는 분리가 아니라 통합을 지향하는 개념이다.

예수는 모든 이에게 자유를 선사했고 이 자유에는 율법 준수라는 까다로운 종교적인 조건과 지은 죄에 합당한 비싼 제물을 바쳐야 하는 경제적 부담이 배제되어 있었다. 글자 그대로 예수의 자유는 '거저 주어지는 자유'였다. 비교할 바는 아니지만 사실 공짜라고 하면 양잿물도 들이킨다고 하지 않던가. 그런데 구원을 공짜로 얻을 수 있다니! 복음이 갖는 폭발적인 힘을 느낀 수많은 사람들이 예수에게 몰려든 것은 당연한 이치였다.

하느님 나라에 대한 예수식의 사고는 유다인 사회에서 가히 혁명적이었다. 특히, 계층 구분이 일상화되어 문화적인 소외와 상대적 박탈

감을 낳게 만든 율법의 속박에서 해방된다는 데 방점을 두어야 한다. 구원은 율법에서 오지 않는다는 점을 예수가 분명히 했기 때문이다.

예수는 회개와 믿음을 대안 가치로 제시했다. 이는 이미 때가 차 하느님 나라가 왔음을 확신시켜주는 가르침이자 지금 여기에서 누리는 자유의 획기적인 암시다. 지금 이 자리, 하느님 나라에서 누리는 자유는 그 자체로 목표이다. 그러나 바오로는 과녁을 달리해 자유를 율법의 속박에서 구원으로 향하는 길에 놓인 과정으로 보아 복음의 목적을 실현하는 데 실패했다. 자유의 확립이 아니라 장차 이루어질 구원을 복음의 목표로 삼은 것이다.

예수는 자유의 수여자이지 결코 자유의 제공자가 아니다.

13.

평화

그런 평화는 없다

우리가 평화라고 할 때는 아무래도 다양한 차원이 있는 것 같다. 요즘 시대의 화두로 자리 잡은 평화는 남북 관계를 전제로 해 한반도에서 전쟁의 위협이 사라진 상태를 뜻한다. 그래서 종전 협정, 나아가 평화 협정까지 맺어지면 더 이상 '목함지뢰 도발' 같은 거친 용어가 사라질 것이다. 그날을 정말 기대한다. 그런데 다른 한편에서 수도자들과 대화를 나누면 의미가 달라져 어떤 외부 자극에도 흔들리지 않은 내면의 평화를 추구한다. 그렇게 평화의 양상이 입장과 상황에 따라 달라지니 '평온하고 화목함'이라는 사전적인 뜻은 마냥 건조한 정의로 다가온다. 사실 평화의 정의에 어디 두 입장만 있겠는가? 어떤 이들은 항구적 평화를 위해서 갖은 비난에도 불구하고 적폐 청산을 수행해야 한다는 주장을 펼치는 반면 다른 이들은 그것이 바로 평화를 해치는 아집이라고 공격한다.

예수와 바오로의 평화

예수라 하면 이 혼란한 세상에 평화를 주러 오신 분이라는 생각이 들겠지만 말씀을 들어보면 꼭 그렇진 않다. "여러분은 내가 세상에 평화를 베풀러 온 줄로 여기지 마시오. 평화를 베풀러 오지 않고 오히려 칼을 던지러 왔습니다"(마태 10,34). 그러면 저절로 떠오르는 의혹 한 가지, 혹시 예수는 평화에 대해 우리가 익히 아는 평온하고 화목한 상태와 다른 개념으로 어휘를 사용한 게 아닐까? 말씀을 이어서 들어보자. "사실 나는, 자식된 사람이 제 아버지를 거스르고 딸이 제 어머니를 거스르고 며느리가 제 시어머니를 거스르도록 갈라놓으러 왔습니다. 각 사람의 원수는 자기 집 식구들일 것입니다"(35-36절).

공동체 중에서 가족은 아마 가장 작은 단위일 것이다. 요즘은 1인 가족까지 있다지만 아직 1인 공동체라는 말을 들어본 적은 없다. 비록 가장 작을지 몰라도 어떤 공동체보다 탄탄한 결속력을 자랑하는 게 가족이다. 아무리 미워도 미워할 수 없는 사람, 아무리 사랑해도 부족한 사람, 어떤 경우라도 절대 깨질 수 없는 관계. 그런 사람들이 공동체 구성원이라면 당연히 평온하고 화목해야 하지 않겠는가. 그런데 만일 평화는커녕 갈등과 미움과 반목만 넘쳐 나는 가족이라면 그게 어디 제대로 된 집구석이겠는가. 예수의 말씀은 그렇게 우리를 난감하게 만든다. 그런데 가족에 대한 예수의 평소 가르침에 비춰보면 이해가 안 가는 바도 아니다.

고향 나사렛을 떠나 공생활을 하시던 어느 날, 그분의 가족이 찾아왔다(마르 3,20-35 참조). 그들은 예수가 미쳤다는 소문을 듣고 고향으로 잡아가려고 온 친척들이었다. 항간에 '예수가 베엘제불에 사로잡혔다'거나 '귀신 두목의 힘을 빌려 귀신들을 쫓아낸다'(마르 3,22 참조)라는 소문이 떠돌고 있었다. 상황이 더욱 심각해지기 전에 집으로 데려오려 가족이 나섰을 것이다. 그러나 귀신에 잡혀 미친(!) 예수를 만나는 일이 쉽지 않았다. 그분이 설교하던 집에 군중이 빈틈없이 들어차 있어 도저히 가까이 다가갈 수 없었기 때문이다. 그래서 할 수 없이 군중 속으로 전갈을 보내 가족이 왔음을 알렸는데 뜻밖에도 "누가 내 어머니며 누가 내 형제들입니까?"라는 반문이 돌아왔다. 어머니를 몰라보다니, 미친 게 확실했다! 이 비슷한 예가 아버지의 장례를 치르고 돌아오겠다는 제자를 만류하면서 "죽은 자들이 자기네 죽은 자들의 장사를 지내도록 내버려 두시오"(루카 9,60)라고 한 말씀이다. 모두 기존의 가족 관계를 거부하는 것들이다.

예수가 정말 미쳤을까? 상식을 뛰어넘는 말씀과 행동에서 그런 인상을 받을 수 있지만 정신이 멀쩡하다면 그에 합당한 설명이 필요하다. 예수에게 절대 가치는 하느님 나라, 곧 하느님이었다. 그런 까닭에 이스라엘 방방곡곡을 누비며 복음을 전했고 급기야 죽음까지 맞는다.

그러니 하느님 나라를 위해서 어떤 분란도 마다하지 않는 그분의 소신은 '평화'가 아닌 '칼'로 표현되어야 옳다. 인간 사회의 보루로 작용하는 가족도 예외가 될 수 없으며 하느님 나라 앞에서는 평화 역시 상대화될 수 있다. 그래서 그리스도교회도 예수의 입장을 철두철미하게 따르느라 지난 이천 년 동안 이전투구 싸움박질(?)이 그치지 않았던 모양이다.

이제 바오로의 평화 개념을 살펴보겠다. 바오로의 편지에는 평화라는 말이 유독 많이 나오는데, 특히 인사말을 할 때는 예외 없이 평화를 기원한다(1테살 1,1; 갈라 1,3; 1코린 1,3 참조). 이는 유다인의 인사 습관에서 영향을 받은 것으로 보이고 예수도 같은 인사말을 사용했다. "주간 첫날 저녁에 제자들은 유다인들이 두려워서 그 모여 있던 곳의 문들을 잠가놓고 있었다. 그런데 예수께서 오시어 한가운데에 서서 '여러분에게 평화!' 하고 말씀하셨다"(요한 20,19). 헬라어 번역은 '평화가 여러분에게 에이레네 휘민'이지만 실제로는 '샬롬'이라는 간단한 말 한마디였다.

한 가지 고려할 점은 '평화'와 '은총'이 묶여 있는 것이다. '평화와 은총'은 유다인에게는 없는 인사말로 바오로가 처음 사용했는데 이를 통해 평화가 어디에서 오는지 분명해진다. 그리스도인이 누리는 평화는 오로지 하느님에 의해 주어지는 은총이다. 짐작하건데, 히브리말에 능숙하지 않는 이방인을 상대로 '평화'라는 말을 사용한 것은 그 말에 하느님이라는 존재가 이미 전제되어 있음을 환기시킬 목적이었던 것 같다. 즉, 헬라인에게는 평화가 그저 인사말에 그치는 히브리어와 달리 다분히 정치적 의미를 갖는데 비해 그리스도인의 평화는 온전히 종교적인 의미다. 같은 의도가 편지의 마지막 안부에 등장하는 '평화의 하느님'에도 잘 드러난다(1테살 5,23; 갈라 6,16; 2코린 13,11 참조).

바오로에게 있어 '하느님의 평화'는 무질서의 반대 개념으로, 세상이 질서가 잡혀 건강하게 유지되는 상태다. "하느님은 무질서의 하느님이 아니라 평화의 하느님이십니다"(1코린 14,33). 그처럼 하느님은 세상에서 누리는 평화의 주인이다. 바오로는 이를 구체화시켜 '평화'를 하느님과 화해한 상태로 여긴다. 예전의 인간은 하느님을 등져 죄의 종으로 팔려갔다. 그러나 하느님은 예수 그리스도의 죽음으로 죗값을 치러 인간을 속량해주었다. 이로써 소원해졌던 하느님과 인간은 화해할 수 있게 된 것이다(로마 5,10-11; 2코린 5,18-21 참조). 바오로의 '화해' 사상은 후학들에 의해 더욱 구체화된다(콜로 1,15-22; 에페 2,13-18).

바오로는 '평화'라는 단어를 결코 독립적으로 사용하지 않았다. 은총, 화해와 연계시키거나 아예 '평화의 하느님'이라는 용어까지 등장한다. 이 점에서 예수와 맞닿는데 평화에는 어떤 형태로든 전제된 바가 있다는 사실이다. 예수에게는 장차 이루어질 하느님 나라를 위해 평화의 유보留保를, 바오로는 하느님이 궁극적으로 세상에 주시게 될 평화를 강조한다. 그러므로 두 인물이 내세운 평화의 공통 전제는 하느님이라 할 수 있다. 하느님이라는 조건을 감안해야만 비로소 평화에 대한 이해가 가능하다는 뜻이다.

제국의 평화, 교회의 평화

전쟁이 일상으로 여겨졌던 시절, 곧 종족, 부족, 국가 간의 분쟁을 해결하는 지름길이 전쟁이었던 시절에는 '평화'란 전쟁이 중단된 상태를 일컫는 말이었다. 그리고 평화를 이런 뜻으로 사용한 최초의 예는 로마제국일 것이다. 로마제국은 어느 누구도 상대할 수 없는 막강한 전력으로 지중해권을 정복해나갔다. 무려 4세기 동안 넓혀나간 제국의 범위는 유럽에서는 라인강 아래쪽, 아프리카에서는 사하라 사막 위쪽, 그리고 전체 동방이었다. 그리고 인구는 5천만 명에 이르렀다고 하는데 당시 세계 인구가 1-2억 명 정도였다는 것을 감안하면 대단한 숫자다. 정복 국가로서 로마제국의 최대 과제는 정복지의 저항을 근절하는 것이라 다양한 방법, 곧, 정치적·군사적·법적·문화적 방법을 총동원해 제국의 안정을 꾀했고 그에 따라 등장한 개념이 '로마의 평화Pax Romana'다. 그러니까 로마제국의 위용 아래 강제적으로 주어진 평화였으니 평화란 본디 정치적 개념이라 할 수 있겠다.

다음으로 로마의 종교적 평화를 알아보겠다. 제국의 수도 로마에서 서기 64년에 큰 화재가 발생했다. 상황이 최악으로 치닫자 황제는 희생양을 찾기 시작했고, 곧이어 적당한 자들이 선택되었다. 그렇게 그리스도인들에 대한 박해가 시작되었는데 로마의 역사가 타키투스(56?-120?)는 당시 상황을 기록했다.

이 소문을 종식시키기 위해 네로는 반종교적인 성향으로 미움 받던 이들을 기술적으로 고문할 것을 명령했다. 그들은 일반적으로 '그리스도인'이라 불리었다. 그 이름은 티베리우스 시대에 폰티우스 필라투스 총독(26~36)에 의해 처형된 그리스도로부터 온 것이다(타키투스 『연대기』 15장 44절).

타키투스의 기록 중에 '반종교적'이라는 표현이 중요하다. 로마인들은 종교의 목적을 사회적 안정을 보장하는 데 있는 것으로 여겼다. '종교'라는 뜻을 가진 'religion'은 키케로가 언급했듯이 라틴어 religio에서 온 것이며, religio의 이해가 바로 로마 종교의 원 모습을 살펴보는 지름길이라 할 수 있다. 이 말은 본디 "일처리를 하다"라는 뜻인데 속뜻은, 어떤 일을 대충 해나가는 것이 아니라 꼼꼼하게 수행해가는 것으로, 철저한 순종의 질서를 내포한다. 그러니 로마 시대의 종교 문헌들에서 이 단어가 유난히 많이 발견되는 것은 전혀 놀라운 일이 아니다. 타키투스가 '반종교적'이라고 했을 때는, 그리스도교가 로마 사회의 질서를 어지럽혔다는 뜻이다. 제국에서 모든 종교는 무릇 사회 질서를 유지하는 데 공헌해야 한다.

네로 시대의 박해 이후 그리스도교는 380~392년에 로마의 국교가 되었고, 상황이 역전되어 그리스도교를 제외한 다른 모든 종교를 사회 질서를 어지럽히는 이단으로 여기고 공격적인 선교를 했다. 중세적 표현에 따르면 '그리스도의 평화Pax Christi'가 시작된 셈이었다. 로마제국의

화염에 휩싸인 로마(위베르 로베르)

그리스도인을 화형에 처하도록 지시하는 네로 황제

위용 아래 주어진 강제적인 평화를 본떠 가톨릭교회도 '교권magisterium, 혹은 교도권'의 이름하에 강제적 평화를 원했던 것이다. 교회가 '로마의 평화'를 응용한 것은 분명하지만 단순한 전쟁 중지 상태가 아닌, 신앙의 이름으로 항구적 안정을 지향하는 점은 다르다.†

역사적으로 보면 비단 로마제국 외에도 교회와 국가가 부딪친 예를 충분히 찾을 수 있다. 우선 '카노사의 굴욕'(1077)이 생각난다. 신성로마제국의 황제 하인리히 4세가 주교와 성직자의 임명권을 두고 교황 그레고리오 7세와 일전을 벌였다가 패배해, 결국 교황 궁이 있던 카노사까지 찾아가 눈밭에서 삼 일 동안 용서를 빌어 겨우 사면을 받은 사건이다. 그런가 하면 프랑스 왕의 강력한 견제를 받은 교황이 로마에 발도 디디지 못한 채 구금 상태에 놓인 일도 있었다. 1309년부터 1377년까지 교황 일곱 명이 프랑스 아비뇽에 머물렀다. 그 유명한 '아비뇽 유배' 사건으로 구약시대 이스라엘 백성의 '바빌론 유배'(기원전 586~538)에 빗대어 나온 용어다.

교회와 국가가 힘겨루기를 했던 가까운 예로 1929년에 무솔리니 정부와 가톨릭교회가 맺은 '라테란조약Lateran Concordat'‡이 있다. 그때 파시즘 정권의 위세에 잔뜩 주눅이 들었던 가톨릭교회는 이탈리아에 대한

---
† 칸트가 주장했던 '영원한 평화'와 비슷한 개념이고, 신학적 시각으로 보자면 이는 세속화된 천년왕국에 해당한다.
‡ 1929년 2월 로마의 라테라노 궁전에서 이탈리아와 교황청 사이에 맺은 협정이다. 교황청 대표로 추기경 가스파리, 이탈리아 대표로 총리 무솔리니가 나서 두 개의 의정서에 조인했다. 제1의정서는 화해협정으로 이에 의해 로마가톨릭교회가 유일한 국교라는 것, 그리고 교황청에 절대적 주권이 있음을 인정하게 되었다. 제2의정서는 정교협약으로 로마가톨릭교회가 여러 문제에서 특권을 행사할 수 있게 했다.

정치적 영향력을 포기하는 대신 자치 공간을 부여받았다. 오늘의 바티칸 시국市國이 탄생한 배경이다. 또한 주교 임명권을 두고 최근 벌어지는 교황청과 중국 정부와의 힘겨루기도 교회와 국가가 부딪히는 예로 볼 수 있다. 특히, 공공성을 강조해, 종교가 사회 질서에 기여해야 한다는 중국 정부의 입장은 로마제국의 그것과 많이 닮았다. 역사적으로 흥미로운 상관관계다.

예수가 입에 올렸던 '평화샬롬'는 굳이 비교하면 우리 인사말의 '안녕하세요?'쯤 될 것이다. 사실 인사말이란 그저 인사말에 머무르며 유다 세계나 헬라 세계나 차이가 있을 리 없다. 그래서 누군가 단어 자체에 깊은 의미가 있다고 떠벌리면 떠벌릴수록 싱겁게 들릴 뿐이다. 요즘 들어 내로라하는 평화 분석가들이 많아져서 하는 말이다.

오늘날에 평화라 할 때는 항구적 전쟁 중지 상태를 넘어 전쟁의 위협마저 완전히 사라진 상태로서의 평화를 뜻한다. 글자 그대로 요원한 이야기인 게 인류 역사상 언제 그랬던 적이 있었는가 싶어서다. 그리고 앞서 보았듯 교회 역시 평화와 관련해 엉뚱한 야심을 품어왔다. 수도자들이 외적 평화가 아니라 내적 평화를 찾는 데는 그럴 만한 이유가 있다. 정치적 평화와 종교적 평화가 바라보는 곳은 확실히 다르다.[†]

예수가 알려준 평화는 '이 정도면 되겠지!'라는 식의 자기 합리화를 거부한다. 간단히 말해 하느님이 허락하기 전까지 진정한 평화란 없는

---

† 신학 관련 사전이 제시하는 '평화'의 뜻으로는, 하느님께서 창조한 만물의 조화, 전 인류의 종말론적인 구원, 하느님과 인간이 맺는 관계, 사람들끼리의 관계, 영혼의 상태 등이 있다.

것이다. 그런 의미에서 '평화가 아니라 칼을 주러 왔다'는 예수의 말씀은 마치 두고두고 되씹어 마땅한 선불교의 화두(話頭)처럼 다가온다.

제도와 사람

14.

성사

―

만찬례의 발견

두 사람이 길을 가고 있었다. '엠마오'가 목적지였다. 그렇게 길을 가던 두 사람은 우연히 어떤 나그네와 동행하게 되는데 그는 최근에 예루살렘에서 일어난 사건에 대해 전혀 모르는 눈치였다. 그래서 두 사람은 나그네에게 자초지종을 알려주기 시작했다. 나사렛 예수가 종교지도자들에게 밉보여 십자가형을 받아 죽었고, 몇몇 여인이 사흘째 날 무덤에 가 보았더니 천사가 나타나 예수의 부활을 전해주었으며, 또 제자 몇몇이 가서 확인해보았더니 실제로 무덤이 비어 있었다는 소식이었다. 말하자면 두 사람은 따끈따끈한 최근 소식을 나그네에게 전해준 셈이다. 문제는 이를 듣고 전하는 두 사람이 예수 부활에 대한 확신이 없었다는 데 있었다. 그러자 동행하던 나그네가 돌변한 태도로 "참, 아둔하구려, 예언자들이 말한 모든 것을 믿는 마음이 그렇게

엠마오에서 저녁식사를 하는 두 제자와 예수(자코모 폰토르모)

도 굼뜬 사람들 같으니"(루카 24,25)라고 하면서 그리스도와 관련된 구약성서 구절들은 내리 풀이해주었다.

어느덧 날이 저물어 여인숙에서 세 사람이 머물게 되었고 같이 식사를 나누던 중에 드디어 두 사람은 나그네가 예수라는 사실을 알아보았다. 바로 그 순간 예수는 홀연히 사라졌다. 그들은 곧장 예루살렘으로 돌아가 시몬을 포함한 제자들에게 자신들이 겪은 희한한 경험을 전했다. 잘 알려진 '엠마오로 가던 두 제자' 이야기다(루카 24,13-35 참조). 극적 반전이 있는 것이, 이야기가 왠지 꾸며낸 느낌이 들고 엠마오라는 지명도 정확히 어디를 가리키는지 명확하지 않다.

중세 교부들은 부활 예수의 특징으로 신속한 이동, 투명함, 무결점 피부, 자체 발광 등 네 가지를 꼽았는데 여기에 등장하는 예수는 두 사람이 눈치 채지 못할 정도로 깨끗한 용모(무결점 피부)를 소유했고 바람처럼 나타났다 번개처럼 사라지는 신통력(신속한 이동)을 갖고 있다. 아니, 그 반대로 '엠마오로 가던 두 제자' 이야기를 기초로 교부들이 부활 예수의 특징을 정리했다고 봄이 옳겠다. 아무튼 이는 반전이라는 재미 장치가 들어간 '단편 소설Novelle'류로, 그리스-로마 시대의 문학 양식 중 하나를 연상시키는 이야기다. 반전의 계기는 바로 예수와 두 사람이 나눈 '만찬'이 제공한다.

── 최후의 만찬

생애 말기에 예루살렘에 입성한 예수는 며칠간 온 성전을 혼란에 빠트렸다. 시민들의 환호를 받으며 요란하게 입성하더니 다짜고짜 성전에서 장사하던 제물상과 환전상의 좌판을 뒤집어엎었고 성전 뜰을 가로질러 제기를 옮기는 행동을 막았다. 제물 판매와 제물 값을 치르는 데 필요한 환전과 제사에 쓸 제기의 운반마저 막은 셈이다. 그다음 날부터 예수는 당대의 종교지도자들과 종교, 사회, 정치, 문화 등을 놓고 설전을 벌였는데 그 양상이 대단했다. 논쟁을 지켜보던 사람들은 하나같이 예수의 말씀에 경탄했고 기뻐했으며 종교지도자들이 무서워할 정도로 민심이 동요했다. 예수의 한마디면 자칫 폭동으로 이어질지 모를 일촉즉발의 위기였다. 그러니까 이런 부류의 작자는 서둘러 제거해야 마땅하다! 마르코복음은 예수가 예루살렘에 입성한 일주일의 상황을 이렇게 보도한다(마르 11-13장).

실제 역사도 아마 비슷했을 것이다. 예수의 등장에 위기감을 느낀 종교지도자들은 그분이 전하는 복음의 파급력을 고려해 (예수를) 잡아 죽일 음모를 꾸몄고, 그 낌새를 예수가 알아차리는 게 그리 어려운 일은 아니었을 터다. 그렇게 임박한 죽음을 직감한 탓인지 예수는 자신에게 향유를 부은 여인의 행동을 장례 준비로 여기기까지 했다(마르 14,8 참조). 바야흐로 목숨이 경각에 달려 있었던 것이다. 그리고 체포되기 전날 저녁에 제자들과 식사를 나누었는데 예수 입장에서 보면 지상에서의 마지막 식사였다.

유다인의 저녁식사는 보통 세 단계로 구분된다. 우선 큰 잔에 담은 포도주(혹은 물)를 돌려 마시며 목을 축이는 전식, 큰 빵을 뚝뚝 떼어 옆 사람에게 전달해서 나누어 먹는 중식, 그리고 다시 한 번 포도주를 마시는 후식이다. 비교적 단출한 식사였다.†

제자들과 식사 자리에서 스승 예수는 주례 역할을 맡았다. 보통 주례는 집주인의 몫인데 존경하는 스승 예수에게 넌지시 양보했을 가능성이 있다. 식사는 전식, 중식, 후식 등 격식에 따라 진행되었을 테고 잔과 빵도 자연스럽게 나누었을 것이다. 여기서 예수가 한 가지씩 말을 덧붙였다. 빵을 나누면서 덧붙인 말씀은 "이는 나의 몸이다"였고 포도주를 나누면서는 "이는 나의 피다"였다. 더 정확하게 예수가 사용했던 아람어가 셈족 언어인 점을 감안하면, "이것 내 몸", "이것 내 피" 정도가 될 것이다. be동사나 '- 이다' 식의 동사나 서술 형용사가 없는 게 셈족 언어의 특징이다. 아무튼 예수의 말씀으로 인해 '최후의 만찬'은 제자들과 나누었던 이전의 식사들과 구별되었던 게 분명하다.

예수의 부활·승천 후 그를 따르던 제자들 중심으로 공동체들이 구성되었다. 사도행전에 나오는 유다인들로 이루어진 예루살렘 모교회(1-6장), 안티오키아에 생긴 최초의 이방인과 유다인 혼성 교회(사도

---

† 유다인들은 어떤 식사에도 나름의 격식을 갖추었다. 식전에 다들 손을 씻은 다음, ①전식: 첫 잔과 '찬양의 말', ②중식: 가장이 양손으로 빵을 들고 찬양한 다음, 식탁에 둘러앉은 이들에게 나누어 주고 이어서 '찬양의 말'을 한다. "주님이신 우리들의 하느님, 당신을 찬양합니다. 세상의 왕이신 분, 당신은 땅에서 빵을 내셨습니다."(바빌론 탈무드 브라콧 35a) ③후식: 가장, 혹은 손님 중 하나가 일어서 잔을 들어 찬양하고, 그 잔(일명 '찬양의 잔')을 돌려가며 마신다.

최후의 만찬(조반니 피에트로 리촐리)

11장), 바오로 같은 유랑 전도사들이 개척한 소아시아와 아카이아 지역의 이방인 공동체 등이다. 이들은 매주 토요일 밤에 모여 예배를 드렸는데 그 기본 틀은 유다인 회당 예배를 따른 것이었다. 그리스도교가 유다교에서 출발한 종교이다 보니 일차적인 형식은 유다교식을 따르는 게 어찌 보면 당연한 일이다. 유다교 예배는 둘로 나뉘어, 의식적인 부분은 '셔마 이스라엘'(들어라 이스라엘아: 신명 6,5)과 '셔모네 에즈레'(18조 기도문), 교훈적인 부분은 오경과 예언서의 독서와 그에 대한 '해설미드라쉬'이다. 오늘로 보면 사도신경(니케아 신경), 보편지향기도(혹은, 신자들의 기도나 대표기도), 복음서 독서, 설교(강론)에 견주어볼 수 있다. 하지만 그것만으로는 충분치 않았다.

일반 유다교식 예배 외에도 그리스도인 공동체만의 특별한 순서가 필요했다. 정확히 언제인지는 모르나 신약성서에 따르면 예수의 부활·승천 직후부터 그리스도인들만의 예배 순서로 최후의 만찬을 본뜬 예식이 자리를 잡았던 것으로 보인다. 예수의 제자 중 누가 처음 운을 떼고 어떻게 골고루 퍼져 나가게 되었는지는 암흑에 묻혀 있지만 그렇다고 결과까지 달라지진 않는다. 바오로의 편지와 사도행전, 공관복음과 요한복음에 이르기까지 거의 모든 작품에서 만찬례가 발견되기 때문이다. 추측컨대 예수에 대한 기억 중 돌아가시기 전날 밤 식사가 제자들의 뇌리에 강한 인상에 남겼던지, 아니면 최후의 만찬을 반추하는 과정에서 무엇인가 강렬한 메시지를 읽어냈는지도 모른다. 아무튼 이렇게 기억된 예수의 최후만찬은 각 공동체 예배 순서의 일부로 자리 잡았다. 하지만 여전히 부족했다. 최후만찬의 재연이 그리스도인 고유의 예배 순서였지만 각 공동체의 필요에 따라 변화를 줄 필요가 있었다. 요한계 교회부터 살펴보자.

── 요한, 마르코, 바오로, 루카, 마태오

비록 만찬례문 자체가 나오진 않지만 '생명의 빵'을 주제로 하는 요한복음 6장 22-71절에 보면 요한계 교회의 상황을 알 수 있다. 예수가 하느님의 빵은 하늘에서 내려와 세상에 생명을 주는 빵이라고 하자 제자들은 "주님, 그 빵을 항상 우리에게 주십시오"(34절)라고 한다. 그리고 이어서 다음과 같이 질문한다.

> 이 사람은 요셉의 아들 예수가 아닌가? 우리는 그의 아버지와 어머니를 알고 있지 않은가? 이제 어떻게 그가 '하늘에서 내려왔다'고 말할 수 있는가?(요한 6,42)

> 이 사람이 어떻게 [자기] 살을 우리에게 주어서 먹게 할 수 있단 말인가?(요한 6,52)

> 이 말씀은 모질구나. 누가 차마 그것을 귀담아들을 수 있겠는가?(요

한 6,60)

　이 질문들은 예수에게 제기하는 것들이지만 실은 요한계 교회에서 제기되었던 질문들일 가능성이 높다. 공동체 구성원들이 만찬례에서 주어진 예수의 말씀, 곧 "이는 나의 몸이다"가 실제 예수의 육체를 가리키는지 궁금했던 것이다. 만찬례 중에 '이는 내 피', '이는 내 살'이라 했으니 당연한 일이었다. 이후 그리스도교 역사에서 종교개혁 이후 제기된 '실체변화' 논쟁의 뿌리를 요한복음에서 발견할 수 있다. 아무튼 이런 대화(22-65절)가 있고 난 후로 제자들 가운데서 많은 사람이 되돌아가고 더 이상 예수와 함께 다니지 않았다고 한다(66절). 상황을 감안할 때 만찬례문의 논리적 타당성을 수긍치 못해 교회를 떠난 이들이 있었던 것 같다.

　마르코복음 14장 23-25절에는 마르코 교회에서 사용했던 만찬례문이 실려 있다. 우선 마르코는 최후의 만찬을 과월절過越節, Passover[†] 만찬으로 여겼다(14,12 참조). 이를 통해 예수의 피가 마치 모세의 열 가지 재앙들 중 마지막에 나오는, 어린양의 피를 유다인들 집의 문설주에 발라 죽음이 지나가도록 한 사건처럼 죽음에서 삶으로 넘어가게 하는 효과가 있음을 은연중에 암시한다. 그리고 "많은 사람을 위하여"라는

[†] BC 13세기 이스라엘인의 조상들이 이집트에서 탈출한 것을 기념하는 축제일이다. 유월절逾越節이라고도 한다. 유월逾越이란 '지나치다' '그냥 넘어가다'라는 뜻이다. 이스라엘 백성이 이집트를 탈출하기 전날 밤 야훼가 각 이집트 가정의 장남을 죽였는데, 이스라엘 백성의 집에는 문설주에 어린 양의 피를 바르게 하여 그냥 지나쳤다는 데서 유래한다.

첨언에 사용된 전치사 '휘페르'가 '대신'이라는 뜻을 가지므로 예수의 죽음이 대속代贖의 효과를 가지고 있다는 점도 분명히 했다.

"계약의 피"라는 말씀도 중요하다. 이집트에서 탈출한 이스라엘은 시나이산에서 하느님과 계약을 맺어 정식 관계가 설정됐다. 하느님은 이스라엘을 돌보고 이스라엘은 하느님만 섬기겠다는 쌍무雙務 계약이 맺어진 셈이다. 이어서 계약의 확정으로 제물을 바쳤는데 이때 흘린 희생제물의 피가 바로 '계약의 피'다. 그러니까 만찬례에는 하느님과 이스라엘의 관계를 재정립하는 의미가 담겨 있는 것이다.

마지막으로 마르코 교회의 만찬례는 종말을 준비하는 성격을 가진다. 그래서 심판이 지나 구원받은 이들과 함께 메시아 잔치가 벌어질 때까지 다시는 포도주를 먹지 않겠다는 다짐을 읽어볼 수 있다(25절 참조). 그러니 마르코 교회는 매주 만찬례를 마치고 집으로 돌아갈 때 그저 빨리 종말이 와 다음 주 만찬례는 하늘 잔치로 대체되기를 바라는 간절한 심정이었을 것이다. "주여, 어서 오소서!"

바오로계 교회의 경우는 마르코 공동체와 양상이 많이 다르다(1코린 11,23-26 참조). 우선 "너희를 위하여(휘페르)"에서 대속 사상이 드러나기는 하나 마르코복음보다 대상이 훨씬 좁다. 구체적으로 예배에 참여한 신자들에게만 만찬례가 베풀어진다는 느낌이 강하다. 다음으로 마르코에서는 '계약의 피'인 반면 바오로계 교회에서는 '새 계약의 잔'

이라 부른다.† 이는 예레미야서 31장 31절에서 따온 것으로 구약성서의 잘 알려진 모티브 중 하나다.

'옛 계약'의 백성에게 실망한 하느님이 이제 만찬례를 통해 '새 계약'을 맺으니 그리스도인들이 바로 그렇게 고대해마지 않았던 새 계약의 백성이 되는 것이다. 바오로계 교회의 만찬례가 갖는 더 특별한 내용은 바로 "나의 기념으로"이다. 이 표현이 유다 문화권에서 따왔다는 주장도 있지만 헬라 문화권의 정서를 반영한다는 주장에 설득력이 있다. 즉, "나의 기념으로"가 헬라 세계의 '기념 축제'(아남네시스 축제)에서 비롯되었다는 것이다. 헬라 세계에서는 죽은 이에 대한 기억을 새로이 하기 위해 정기적으로 함께 모여 기념의 만찬을 나누곤 했다. 따라서 헬라계 그리스도인들에게는 식탁에 둘러앉아 예수의 최후만찬을 기리는 모습, 그리고 이를 통해 예수에 대한 기억이 번번이 새로워지는 일을 두고 자신들의 실생활에 친밀한 '기념 축제'를 연상해냈을 가능성이 높다.

마태오복음의 만찬례문과 루카복음의 만찬례문을 자세히 뜯어보면 마르코와 바오로의 만찬례문을 요모조모 뜯어 조합해 만들었다는 인상을 풍긴다. 이들은 개별 공동체에서 실제로 사용하는 만찬례문을 옮긴 것이므로 마르코와 바오로의 만찬례문에서 장점들을 뽑아 배치

---

† 예언자 예레미야는 이스라엘 백성이 시나이산에서 하느님과 맺은 계약을 지키지 못했기에(예레 31,32: 탈출 24,8), 이제 '새 계약'을 맺으리라는 하느님의 뜻을 이스라엘에게 전달한다. 장차 맺어질 새 계약은 새로운 하느님의 구원 질서를 반영하는 것으로, 마음에 새겨져 영원히 지속될 것이라고 한다(예레 31,33.34). 구약(舊約)성서와 신약(新約)성서를 나누는 기준이 되는 개념이기도 하다.

한 결과다. 이는 1세기 교회에서 만찬례문을 두고 다양한 해석이 있었고 '만찬례문'이라는 주제로 거대 담론談論이 형성되어 있었음을 알려주는 증거다.

정확히 언제부터 교회가 코린토1서 11장 23-26절을 공식적인 만찬례문으로 사용했는지 알 수는 없다. 다만 희미한 증거들에 기댈 때 비교적 빠른 2세기 정도로 가늠할 수 있다. 에우세비우스의 『교회사』에 따르면 예루살렘 모교회가 예수의 동기 야고보가 순교한 64년경에 요르단강 건너편 펠라 지역으로 이동했고, 이후 이방계 그리스도인의 숫자가 압도적으로 많아져 점차적으로 교회의 중심이 헬라 세계로 옮겨진 때를 어림잡은 시점이다. 이때쯤 이르러선 이방계 그리스도인들은 헬라 세계에서 널리 통용되던, 자신들에게 익숙한 만찬례문을 사용하기에 망설임이 없었다. 코린토 1서 만찬례문의 특징은 바로 '반복 명령'에 있다. 교회가 폭발적으로 성장해나가고 주교들까지 등장한 마당에 곧 종말이 오리라는 위기의식이 자리잡기(마르 14,25 참조)는 어려웠을 테니 말이다.

만찬례는 어떤 의미였을까? 1세기 그리스도인들에게 만찬례는, 과거 십자가에 못 박혀 돌아가신 예수에 대한 강력한 기억을 살려내는 '회상제'이고, 예수가 주례로서 같이 있다는 느낌을 부여받는 '현존제'이며, 마지막 날에 부활 예수가 다시 오리라는 재림 기대가 녹아 들어간 '희망제'였다. 어느 날 저녁 예수와 제자들이 한 상에 둘러앉아 나누었던 식사가 성사聖事로서 그 의미를 획득한 것이다.

"길에서 우리에게 말씀하시고 성경을 풀이해 주셨을 때에 [우리 안에서] 마음이 뜨거워지지(카이오) 않았습니까?"(루카 24,32). 주님의 살과 피를 모실 때 타오르는 뜨거운 마음! 엠마오로 향했던 제자들의 깨달음은 만찬례의 핵심이 어디에 있는지, 그 나아가야 할 곳을 알려 주는 방향타이다.

15.

권위

어깨에서 힘 좀 빼세요

2018년 2월 21일 국내 유수 일간지의 국제 면에 흥미로운 기사가 실렸다. 로마가톨릭과 중국 정부 사이에 협정이 곧 맺어지리라는 소식으로, 오랫동안 주교 서품을 두고 벌여왔던 양자 간 분쟁이 거의 끝나간다는 뜻이었다. 협정이 맺어지면 중국 정부가 조정하는 '중국천주애국회'에서 주교를 선출하고 교황청에서는 단지 선출 주교에 대한 거부권만 행사할 수 있다. 그런데 교황청에서 정치적인 이유로 거부권을 행사하기 어려운 게 현실이니 주교 선출권이 중국 정부로 넘어왔다고 봄이 옳겠다. 전 세계 모든 나라의 주교 임명권을 가진 교황의 입장에서 보면 극히 예외적인 경우이자, 결과적으로 중국 정부에 굴복한 꼴이 되니 완전히 스타일 구기는 사건이다.

이렇게 주교 선출권이 넘어간 것은 중국 정부의 입장, 곧 "모든 종교는 중국 성향이어야 하며 정부는 종교가 사회주의에 적응할 수 있게 적극적으로 지침을 제공할 수 있어야 한다"는 노선에 로마가톨릭이 승복한 것으로 볼 수 있다. 바티칸의 영향력과 힘이 그만큼 줄어들었다는 반증이다. 걱정거리는 이 경우가 마치 폭탄의 뇌관과 같아 또 다시 이런 일이 생기면 도미노처럼 각 나라의 요구가 이어질지 모른다는 데 있다. 우리에게도 주교를 선택할 수 있는 자율권을 주세요. 교황님!

권위주의여 안녕

역사의 예수는 빗나간 권위주의에 매우 민감했다. 특히, 율법학자들과 바리사이들이 율법해석의 전권을 부여받은 양 빼기고 다니는 꼴을 도저히 받아넘기지 못했던 것 같다. 그래서 행동 대신 입만 살아 거들먹거리며 서민을 억누르던 종교지도자들의 권위의식을 고발했다.

> 그때에 예수께서는 군중들과 당신 제자들에게 말머리를 돌려 이렇게 말씀하셨다. "율사들과 바리사이들이 모세의 자리에 앉아 있습니다. 그러니 그들이 여러분에게 말하는 것은 모두 행하고 지키시오. 그러나 그들의 행실을 따라 행하지는 마시오. 사실 그들은 말만 하고 행하지는 않습니다. 그들은 무겁고 (힘겨운) 짐들을 묶어 사람들의 어깨에 메우고 자신은 그것을 나르는 데 손가락도 대려 하지

않습니다."(마태 23,1-4)

예수 당시 율사들의 율법 해석을 집대성한 『미슈나』라는 책에 보면 안식일에 금지한 서른여덟 가지 행동이 나온다. 이에 더하여 안식일에 이천 걸음 이상 걷지 못한다는 규정도 나오는데(사도 1,12 참조) 여기에 맹점이 있다. 모든 인간사가 '이천 걸음' 안에서 이루어질 수 없다는 것이다. 그래서 다음과 같은 보완 규정들이 나왔다.

안식일에 허용된 거리는 이천 걸음인데 만일 그날 마침 초상이나 혼인잔치가 있어 이천 걸음 이상 걸어야 할 경우, 금요일에 미리 이천 걸음 지점에 두 끼 식사를 차려 두면 또 다시 이천 걸음을 갈 수 있다. 또한 안식일에 물건 나르기도 금지했는데 이웃집에서 금요일에 공동으로 식품을 마련해 한쪽 집에 모아 두었다면 두 집은 식품을 공동으로 준비했으니 한 집과 마찬가지로 여겨 물건을 마음대로 나를 수 있다. 단지 물과 소금은 예외였다(『미슈나』 모에드 제2편 에루빈).

초상집이나 잔칫집에 꼭 가서 어울리고 싶고, 당장 먹을 게 없는 상황에서 이천 걸음 규정을 제쳐두려 나온 예외 규정이었을 것이다. 이렇게 일반적으로 옳다고 여겨지는 규정을 현실에 맞춰 재규정하는 작업을 두고 흔히 결의론決疑論이라 부른다.

율사들이 즐겨 사용했던 결의론의 깊은 함정은 『미슈나』의 서론 격인 아보트 1,1에 나오는 언급이다. "모세는 시나이산에서 토라를 받아 여호수아에게 물려주었으며, 여호수아는 장로들에게, 장로들은 예언자들에게, 그리고 예언자들은 그 율법을 대회당의 남자(율사, 장로)들에게 물려주었다." 이로써 모세오경의 규정이나 그에 대한 율사들의 보충 규정에 동등한 권위를 부여한 셈이다. 그들이 말하는 것은 지키지만 행동하는 것은 본받지 말라고 한 예수의 말씀이 이해가 되는 대목이다. 안식일에 이천 걸음 이상을 걸을 수 없다고 '말'을 해놓고서 인간의 편의에 따라 이천 걸음 이상을 걷는 '행동'을 한다. 그러면서 적반하장 격으로 자신들의 말과 행동이 곧 모세의 법이라며 큰소리를 친다. 빗나간 권위의식의 대표적인 예라 하겠다.

예수에게 모든 권위란 오로지 하느님에게서 온다. 따라서 인간 스스로 자신의 말과 행동에 권위를 부여하면 하느님에게 도전하는 꼴이며 이런 행태는 반드시 비판받아야 한다. 이렇게 예수는 당시 종교지도자들 사이에 만연해 있던 권위주의에 작별을 고했다. 저자들은 남에게 짐을 지워놓고는 손가락 하나 꼼짝 안 한다!

━━ 사도권 논쟁

권위에 대한 바오로의 입장도 예수와 상통하는 바가 있다. 부활한 예수를 만나 복음 전도사로 거듭난 바오로에게 큰 고민은 그의 사도권에 대한 기성 교회지도자들(예루살렘 모교회 지도자들?)의 노골적인 견제였다. 한때 교회를 뿌리 뽑겠다며 설치고 다녔던 인물이 갑자기 전향해 이제는 가는 곳마다 '예수는 주님이시다'라고 부르짖으니 바오로를 같은 식구로 쉽게 받아들이긴 힘들었다. 당연히 바오로의 진심에 의심이 들지 않았겠는가? 그러니 바오로를 에워싸고 사도권 논쟁이 벌어진 게 당연한 노릇이었다.

사도권 논쟁의 대표적인 양상은 코린토 2서에서 읽어볼 수 있다. 원래 코린토 교회는 바오로가 세운 공동체다. 그런데 코린토를 떠나 다음 전도지로 향하던 바오로에게 어지러운 소식이 들려온다. 코린토 교회에 낯선 이들이 등장했는데 유력 인사의 '추천서'를 지참했다는 것이다(2코린 3,1 참조). 그러면서 스스로 거물급 사도라 뽐내고(11,5 참조) 바오로의 성분을 문제 삼기까지 했다(11,21-33 참조). 바오로의 사도직을 겨냥해 직격탄을 날린 꼴이었다. 분노한 바오로는 그들은 모두 거짓 사도요 속여먹는 일꾼이며 그리스도의 사도로 가장하고 있을 뿐이라 하면서 "저들의 종말은 그 행실대로 닥치게 될 것입니다"(11,15)라며 저주를 퍼부었다. 따지고 보면 똑같은 유랑 전도사 처지인데 차마 입에 담지 못할 말까지 내뱉고 만 것이다.

바오로의 사도권을 두고 벌어진 논쟁의 속사정은 어떨지 몰라도 표면적인 이유는 간단했다. 바오로는 사도의 조건을 예수로부터 직접 전도의 소명을 받은 경우로 보아, "나는 자유로운 몸이 아닙니까? 나는 사도가 아닙니까? 나는 우리 주 예수를 뵙지 않았습니까?"(1코린 9,1; 1,17; 15,4-9 참조)라고 한 반면 적대자들은 입장이 달랐다. 그들에게는 예수에게 전도의 사명을 받았다는 점에 덧붙여 그 사실이 공개 증명되어야 한다고 주장했다. 말하자면 사적 계시인지, 공적 계시인지의 문제이다. 예루살렘 교회의 사도들은 지상에서 활동했던 예수에게 직접 전도의 사명을 받았으니 역사적인 객관성과 연속성을 획득한 셈이다(루카 10,1-12 참조). 그러나 바오로는 부활 예수로부터 개인적으로 소명을 받았으니(갈라 1,15-16 참조) 역사의 예수와는 단절되고 객관성도 그만큼 결여되어 있었다. 특히, 한때 그리스도인들의 뿌리를 완전히 뽑아내겠다며 설치고 다닌 전력(갈라 1,13 참조)이 있는 바오로에게 객관성의 결여란 치명적인 약점일 수밖에 없었다.

부활 예수에게 홀로 소명을 받은 바오로는 객관성이라는 측면에서 볼 때 분명 불리한 위치에 놓여 있었다. 그래서인지 몰라도 바오로는 편지(회람 서신)를 쓰면서 스스로 사도라 부르기를 잊지 않았다(참조: 로마 1,1; 1코린 1,1; 2코린 1,1; 갈라 1,1). 하지만 회람 서신들과 달리 바오로의 초기 서신인 테살로니카 1서에는 '사도'라는 자기소개가 등장하지 않는데 아마 사도권 논쟁이 불거지기 이전이었을 것이다. 아무튼 바오로에겐 소명에 버금가는 기준이 있었으니, 바로 사도의 임무를 얼마나 충실히 수행해내는가이다. 참된 사도라면 추천장이나 과거 경력이나 출신 성분에 기댈 게 아니라 사도직 실무에서 당당하게 자신의 참 가치를 발휘해야 하는 것이다. 바오로는 귀가 얇아 바오로의 사도권을

사도 바오로의 개종(카라바조)

의심하는 코린토 교인들에게 자신 있게 말한다.

> 여러분은 내가 주님 안에서 이룬 업적이 아닙니까? 다른 이들에게는 내가 사도가 아닐지 몰라도 여러분에게는 분명히 나는 사도입니다. 여러분은 주님 안에서 내 사도직의 증표입니다(1코린 9,1-2).

딱히 예수 곁을 쫓아다닌 것은 아니지만 예수 자신도 그리 권위적이지 않았을 것이다. 당시 종교지도자들의 권위적인 모습에 통렬한 비판을 퍼부었던 분이 자기 스스로는 제자들 위에 군림했으리라고 상상하기는 어렵다. 실제로 제자들은 예수와 터놓고 지냈던 것 같은데 이를테면 베드로가 예수에게 '제발 나는 곧 죽는다'라는 말은 삼가시라고 충고한 것(마르 8,32-33 참조)이나, 예루살렘에 입성하기 전 야고보와 요한이 은밀히 찾아와 자리를 청탁한 것(마르 10,35-37 참조)이나, 뜬금없이 '동기에게 유산을 나누어 주라'는 말을 좀 해달라고 부탁한 예(루카 12,13 참조)는 예수가 말 붙이기조차 거북한 지도자였다면 어림도 없는 일이다.

바오로에게서도 권위적인 모습을 찾기 힘든데 당시 교회 최고 지도자였던 베드로를 공개석상에서 비판한 것(갈라 2,11-14 참조)이나 종종 예루살렘 지도자들의 권위를 인정하지 않는 모습이 발견되기 때문이다. 그 대신 모든 그리스도인들을 형제자매로 부르고 자신을 따라 전도여행에 나섰던 티토를 '같은 정신'을 가진 동료로 인정하는 모습

(2코린 12,18 참조)은 감동적이기까지 하다. 같은 사고가 테살로니카 1서 2장 7-12절에서도 발견되는데, 무릇 모든 사도는 밥벌이에 전전긍긍해선 안 되며 언제라도 일할 준비를 갖추고 있어야 한다. 그리고 진정한 사도라면 권위를 세우기보다 교우들을 하느님 나라로 인도하는 데 총력을 기울여야 마땅하다. 그것이 바로 사도의 본분이다. 결코 자리가 사람을 만들지 않는다. 사람이 자리를 만든다.

그렇다면 언제부터 교회가 이렇게 권위적이 되었을까? 그 시점은 대략 2세기 초반으로 볼 수가 있다. 예수와 바오로 시대에는 오늘날 세계 어느 가톨릭교회에서나 통하는 삼성직=聖職, 곧 주교-사제-부제라는 직제가 없었다. 삼성직의 등장은 엄격하게 말해, 신약성서에서보다는 사도시대 교부들의 작품에서 그 성립 근거를 찾을 수 있다. 신약성서에서 몇몇 용어와 약간의 암시는 따왔지만 말이다. 이를테면 110년경에 순교한 안티오키아의 이냐티우스가 쓴 편지들에 감독(주교)[†], 원로(사제)[†], 봉사자(부제)[†]라는 직분들이 등장한다. 그는 직분들 사이에 체계를 부여해 직제를 구성하면서 아래와 같이 강조했다.

> 여러분은 모두 예수 그리스도께서 아버지를 따르듯이 감독(주교)을 따르고, 사도를 따르듯이 원로단(사제)을 따르고, 하느님의 계명을 섬기듯이 봉사자(부제)들을 섬기시오. 또한 어느 누구든 감독을 제

[†] 에페소서 5,2-6; 막네시아서 7; 트랄레스서 7,2; 필라델피아서 4; 스미르나서 8;9,1
[†] 에페소서 2,2; 20,2; 막네시아서 7,1; 13,1
[†] 트랄레스서 2,3

처두고 교회와 관계되는 일을 해서는 안 됩니다. 감독이 드리는 감사제(만찬례), 혹은 감독이 위임한 사람이 드리는 감사제만 유효합니다. 예수 그리스도께서 계신 곳에 가톨릭교회가 있듯이, 감독이 나타나는 곳에 공동체가 있어야 합니다(스미르나 신자들에게 보낸 편지 8,1-2).

주교와 사제와 부제는 명실상부한 예수의 대리자이며 주교가 가는 곳에 교회가 있다. 가톨릭교회는 대대손손 이 본문을 금과옥조로 받아들여 스스로의 권위를 층층이 쌓아올려 견고한 권위주의를 구축했다. 하지만 20세기 후반부터 절대 흔들리지 않을 것 같던 교회의 권위가 추락하고 있다. 여성 차별, 배금주의, 과시욕, 사제들의 아동 성추행 등이 전통적인 권위의식을 위협하고 있는 것이다. 거기에 한 가지 더, 교황권에 대한 정면 도전도 시작되었다.

앞서 언급한 가톨릭교회와 중국 정부의 협정을 보고 있노라면 하인리히 4세가 교황 궁까지 찾아가 용서를 빌었던 '카노사의 굴욕'(1077)과 정반대의 상황인 것 같다. 물론 중국 정부와 교황청의 협정이 카노사 굴욕과 정반대 상황인 것은 맞지만 이를 통해 '지하교회'를 보호하려는 가톨릭교회의 선한 의도를 짐작할 수는 있다. 그러나 여전히 정치적인 맥락을 충분히 고려해야 이해가 가능한 일이다. 교회의 힘이 국가를 누를 수 있는가 없는가에 따라 '카노사의 굴욕'이 될 수도 있고 '바티칸의 굴욕'이 될 수도 있는 노릇이다.

중국교회는 선언한다. '이제부터 주교는 우리가 선택합니다.'[†] 가톨릭 교회의 권위의식이 무너지는 새로운 전기가 마련될지 매우 궁금하다.

[†] 2018년 9월 22일 교황청과 중국 정부가 주교임명에 대한 예비합의안에 서명했고 이로써 외교관계 수립의 길이 열렸다.

16.

계급

문화에서 소외된 이들

1999년에 열린 국회청문회에서 옷 로비 사건을 다룬 적이 있었다. 그때 모피코트를 뇌물로 주었는지 아닌지가 문제가 되면서 전문가가 등장해 고급 모피 알아보는 법을 간략하게 정리해주었다. 정 마담인가 하는 여성이었던 것으로 기억한다. 그와 동시에 지금은 고인이 된 디자이너 앙드레 김 선생의 본명이 밝혀져 세간에 화제가 되기도 했다. 아무튼 모피코트라고 해서 다 같은 모피코트가 아니었다. 털의 고른 분포라든가, 털의 방향이 일정해야 한다든가, 어느 시기에 어느 곳에서 잡은 동물로 코트를 만들었는지 따위가 모피코트를 알아보는 기준이었는데 잠시 보았을 뿐이지만 여간 까다로운 게 아니었다. 그런데 뇌물 혐의로 청문회에 나온 여성들은 한결같이 고급 모피를 알아보는 눈을 갖고 있었다. 그러니 모피코트랍시고 어설프게 뇌물을 썼다가 그런 여성들에게 걸리면 뇌물을 안 쓰느니 못한 결과를 낳을 게 빤한 이치다.

청문회를 보면서 느낀 게 또 하나 있다면 이 세상은 고급 모피코트를 알아보는 사람과 그렇지 못한 사람, 두 종류로 구분된다는 사실이고 이는 즉시 나에 비해 청문회 증인들은 품격이 다른 사람이라고 인식하게끔 만들었다. 딱히 청문회에서 얻어들은 것은 아니지만 모피 중엔 불가리아산 물개가죽이 최고라고 한다. 그러니 독자 분들도 혹 그런 경우에 놓이면 "전 불가리아산 물개가죽 아니면 모피로 취급도 않습니다"라고 하면 상대가 기겁을 할지 모른다. 물론 김영란 씨에겐 이 일을 비밀로 붙여두는 게 좋겠다.

── 의식주의 소유

예수 시대에도 물론 잘나가는 사람들이 있었다. 그중에서도 몇몇은 성구갑聖句匣[†]과 옷 술에 크게 신경을 썼던 것 같다. "그들은 모든 일을 사람들에게 보이기 위해 합니다. 사실 그들은 성구갑을 넓적하게 하고 옷단의 술을 크게 합니다"(마태 23,5). 유다인들은 기도할 때 머리와 어깨를 특별한 천으로 가리고 팔목과 이마에 작은 성구갑[테필린]을 묶는다. 갑 속에는 신명기 6장 4-9절과 11장 13-21절을 적은 작은 양피지 두루

[†] 구약성서의 다음 네 성구(탈출 13, 1-10; 탈출 13, 11-16; 신명 6, 4-9; 신명 11, 13-21)를 가죽에 써서 넣은 갑을 이른다. 예수 이전 시대부터 정통적인 유다인들이 안식일과 일정한 축일을 제외하고 모든 날 아침기도 시 이마나 팔에 매달았다고 한다.

마리가 들어 있어 갑의 크기는 큰 문제가 되지 않았다. 그런데 잘나가는 유다인들은 성구갑마저 요란하게 만들었다. 또한 몸에 두르는 천을 '탈리트'라 부르는데 흰색에 검은색 줄무늬와 술이 달려 있다. 평소에는 탈리트 위에 조끼 같은 겉옷을 걸쳐 입는데 길이가 짧아 하단의 술이 그대로 보인다. 예수의 지적은 바로 탈리트에 달린 술을 말씀한 것이다.

예수는 기도만 할라 치면 꼭 사람들 눈에 띄려고 큰 성구갑에 술이 긴 천을 머리부터 내려 쓰고 "회당과 거리 모퉁이에 서서 기도하기를 좋아하는"(마태 6,5) 자들을 비난했다. 그래도 바리사이나 율사들의 옷차림은 그나마 양호한 편이었다. 대사제쯤 되면 자줏빛 두건을 쓰고 '주님께 성별된 이'라 쓰여 있는 금 성직 패를 이마에 묶은 채 열두 지파 이름이 하나하나 새겨진 멜빵을 걸친다. 멜빵 끝에는 놀랍게도 보석이 달려 있었다. 멜빵으로 고정한 긴 자줏빛 겉옷은 금방울과 아마실로 짠 석류들이 주렁주렁 밑단을 장식한 것이다. 성서에 나오진 않지만 예수라면 대사제들의 복장에 대해서도 지적하셨을 성싶다.

입는 게 문제였다면 먹는 것도 문제였다. 예수는 율사들과 바리사이들의 위선을 꼬집으며 그들의 십일조를 통렬히 비판하는데, "너희는 박하와 시라와 소회향은 십분의 일을 바치면서 정의와 자비와 신의 같은, 율법의 가장 중요한 요소들은 저버린다. 그런 것들도 저버려서는 안 되지만 이런 것들도 실천해야 했을 것이다"(마태 23,23). 율법에 따르면 십일조를 내야 할 음식과 그럴 필요가 없는 음식들이 있었다. 그런

기도하는 바리사이(자메 티소트)

데 예수가 예로 들은 세 가지 식물은 모두 향신료를 만드는 재료다.

십일조는 원래 올리브기름과 포도주와 곡식에 한정되어 있었다(민수 18,12 참조). 그러나 세월이 흐르면서 과일과 가축(레위 27,30-32 참조), 나아가 화단에서 키우는 식물에도 십일조가 적용되었다(『미슈나』 마아세로트 4,5, 드마이 2,1). 금세 눈치 챌 수 있는 점은 예수가 식생활에 꼭 필요한 기본 음식물이 아니라 향을 내는 기호식품의 십일조를 거론했다는 사실이다. 당장 먹고살 걱정에 허덕이는 서민들 입장에서 박하와 소회향과 시라의 십일조는 하늘의 별따기 식물이었다. 그러니 이런 십일조를 자유자재로 낼 수 있는 자들과 서민들은 자연스럽게 사회적으로 분리되었을 것이다.

먹는 게 문제였다면 집도 문제였다. 예수는 요한을 두고 군중에게 말씀하기 시작했다. "여러분은 무엇을 구경하러 광야로 나갔습니까? 바람에 흔들리는 갈대입니까? 아니면 무엇을 보러 나갔습니까? 고운 옷을 입은 사람입니까? 알다시피 화려한 옷을 입고 호사스럽게 사는 사람들은 왕궁에 있습니다"(루카 7,24-25). 그리고 제자 중 한 사람이 예루살렘 성전의 위용에 감탄하자 "당신은 지금 이 웅장한 건물을 보고 있지요? 그러나 돌 위에 돌 하나도 여기에 남아 있지 않고 허물어질 것입니다"(마르 13,2)라고 한다. 왕궁을 거론하고 성전을 거론한 것을 보면 예수는 주거환경에 대해서도 비판적인 시각을 갖고 있었음에 틀림없다.

당시 이스라엘 서민들의 집이라는 게 사실 한심했다. 흙벽돌로 쌓은 단층집에 온가족이 모여 살았고 가축우리까지 실내에 있었다. 이층집을 가진 경우도 있기는 했으나 2층은 기도 공간으로 사용했기에 1층의 열악한 환경이 나아지는 것은 아니었다. 더구나 광야성 기후여서 바람에 날리는 먼지 때문에 창문마저 크게 낼 수 없는 형편이었다. 그렇게 낮에도 어둡게 지내야 하니 올리브유로 실내를 밝힐 수밖에 없었다. 자고로 등불은 등경 위에 놓아야지 됫박 밑에 두는 법이 아니다 (마태 5,15 참조). 가난한 서민들은 예수와 그 일행을 초대할 엄두도 못 냈을 테고 그런 까닭에 예수는 율사, 바리사이와 같은 종교지도자들이나 세리, 세관장 같은 부자 그리고 라자로 삼남매처럼 여유 있는 사람들의 초대에만 응했던 것 같다. 물론 서민들도 예수를 꼭 한 번 모셔 식사 대접을 하기 원했으리라는 점을 전제로 하고 말이다.

문자의 소유

종교개혁자 마르틴 루터(1483-1546)는 하느님과 인간의 관계에 대해 전향적인 시각을 제시한 인물이다. 마르틴 루터 역시 당시의 계급의식을 알고 있던 사람이며 그가 제안한 개혁의 기저에는 탁월한 성서 이해가 있었다.

루터는 성서를 이른바 '제1원리 primum principium'로 보았다. 제1원리에 따라 성서는 하느님 계시의 유일한 원천이고 성서 해석의 정당성을 판단하는 권위는 성서 자체에 있다. 이는 성서 해석의 권리가 오직 사제들에게 있다고 여긴 교회의 입장에 중대한 도전이었다. '교도권magisterium'에 따라 성서를 해석해야 한다는 가톨릭교회의 입장을 '오직 성서로 sola scriptura'라는 새 원칙으로 전복했기 때문이다. 그러므로 당시에 별 지식이 없다고 여겨졌던 평신도 역시 성서 읽기는 물론 해석의 권리를 가질 수 있는 것이다. 모든 사람이 말씀을 듣도록 초대되었고 형제로서 서로에게 봉사하도록 명해졌기에 만인이 사제다. '만인사제설萬人司祭說'이 루터의 독특한 성서 이해에서 출발했음을 알려주는 대목이다.

모든 사람이 성서를 자유롭게 읽고 해석할 수 있다! 성서는 거룩한 언어인 라틴어로 쓰여 있어 다른 언어로 번역이 불가능하고 무식한 평신도가 함부로 읽을 수 없었던 게 종교개혁 시절의 정서였다. 요즘 식으로 표현하면 교회는 종교 문화의 소유자였고, 평신도는 종교 문화에서 소외되었던 셈이다. 고매하신 주교님 입장에서 라틴어 성서도 못 읽는 농노 따위와 어찌 말을 섞을 수 있겠는가.

의식주가 사람을 가르는 기준이라는 점은 예나 지금이나 변함이 없다. 거기에 문자까지 더해지면 간극은 더욱 벌어진다. 그렇게 차이가 나면 곧이어 문화의 차이가 발생하고 이어서 자연스럽게 계급이 형성된다. 주인과 노예, 영주와 농노, 자본가와 노동자 그리고 갑과 을이 생기고 마는 것이다. 문화의 소유와 문화에서의 소외는 곧바로 지배와 피지배의 관계로 연결된다. 예수 시대에 계급을 가르는 분명한 기준은 의인과 죄인이었고 그분 주변에 몰려든 군중 대부분은 세리, 여성, 창녀, 병자 등 죄인이었다. 이들은 예수에게서 희망을 발견했음이 분명하다. 아니면 예수 자신은 비록 정치적 혁명을 꿈꾸지 않았을지 몰라도 군중에게는 무엇인가 큰 변화를 불러오실 분으로 이해되었을 것이다. 이는 마르크스 사상의 지도를 받았다거나 프롤레타리아 혁명을 부르짖지 않더라도 얼마든지 쉽게 상상할 수 있는 대목이다.

그리스도교 역사에서 이제까지 주목할 만할 인물로 예수와 마르틴 루터를 살펴보았다. 이들의 입장은 한결같은데 계급의식으로 인간을 파악하지 않았다는 점이고 표면에는 문화적 열등감의 무력화가 있었다.

─ 계급의식의 전복

계급에 대한 본격적 인식은 근대적 사고가 도입되면서부터다. 계급 갈등에 대해서 많은 사상가들이 거론했는데 그 원조 격인 마르크스는 경제적 지표를 통해 생산수단을 소유했는지에 따라 유산계급을 무산계급으로부터 분리했고, 궁극적으로 계급이 사라지는 공산사회를 이상으로 삼았다. 그의 논리에 따르면 무산계급 혁명을 이끈 공산당 역시 마침내 사라지고야 말 조직이었다. 같은 사회주의자이지만 발터 벤야민은 역사적 유물론의 약점을 지적했다. 그는 '역사는 발전한다'는 고전적 논리를 거부했다. 무산계급의 혁명으로 왕조를 몰아내고 나라를 세운 소련이 극악무도한 국가주의를 표방하는 나치와 손을 잡아

1939년에 불가침 조약을 맺은 데 충격을 받았던 것이다. 그래서 유다교의 메시아사상을 끌어들여 궁극적인 변화를 추구했다. 스파르타쿠스의 반란과 같은 과거의 역사를 반추해내, 바로 지금 여기서 계급 논리를 타파해야 하는 것이다.

비록 계급이라는 말을 사용하진 않았지만 예수 시대의 이스라엘 역시 의인/죄인이라는 계급의식에 근거한 지배/피지배 사회구조가 있었다. 예수가 지향했던 평등 개념은 지금 여기서 일어나는 계급의 전복이라는 차원에서 벤야민과 통하는 바가 있다.

역사의 예수 주변에 많은 사람들이 몰려왔음은 비단 복음서의 보도가 아니라도 쉽게 짐작할 수 있다. 당시 유다교에서 죄를 씻는 유일한 방법은 예루살렘 성전에서 하느님께 속죄의 제사를 드리는 길뿐이었고 제사를 드리려면 제물과 제기가 필요했다. 게다가 죄의 성격과 경중輕重에 따라 바쳐야 할 제물의 종류가 다양했다. 말하자면 죄를 씻기 위해서는 경비가 필요했던 것이다. 그러니 가진 것이라곤 겉옷과 속옷 딱 두 벌밖에 없는 가난뱅이의 경우, 죄를 지었으면 지은 대로 그저 절망감에 싸여 살아갈 수밖에 없는 노릇이었다.

바로 그때 예수는 완전히 새로운 차원의 구원을 선포했다. "때가 차서 하느님의 나라가 다가왔습니다. 여러분은 회개하고 복음을 믿으시오"(마르 1,15). 누구라도 회개하고 복음을 믿기만 하면 값없이 구원이 주어지는 길이 열린 것이었다. 지금 여기서 이루어지는 공짜 구원! 이렇게 기쁜 소식을 일찍이 들어본 적이 있었던가? 사람들이 예수 주변에 구름처럼 모여드는 게 당연한 이치였다.

일반적으로 계급의 경계를 나눌 때 사용되는 것은 경제적 기준이다. 그러나 경제적 기준은 바탕에 놓여 있을 뿐 드러나는 모습은 문화의 소유 여부다. 문화적 우월감과 열등감이 우리를 계급의식으로 몰아가는 것이다. 마르크스 역시 역사의 주체로서 인간성의 회복을 부르짖지 않았는가? 예수의 가르침을 교회에 묶어둘 이유가 전혀 없다.

종교적으로 볼 때 예수의 시각과 가장 잘 통하는 분은 붓다인 듯싶다. 붓다도 예수처럼 출가 후 고행을 통해 깨달음을 얻은 다음 심산유곡으로 들어간 게 아니라 사바세계인 세상으로 나와 제자들과 천하를 주유했다. 그에게는 출가 전부터 고민이 있었는데 모든 인간에게 주어진 생로병사의 고통이었고 인간적 한계의 극복이 곧 깨달음이었다. 열패감에 사로잡힌 죄인들에게 하느님 나라를 선포한 예수와 아주 비슷하다.

제천 신륵사 극락전 벽에 그려진 고려 불화 「아미타삼존내영도阿彌陀三尊來迎圖」[†]에는 극락정토極樂淨土의 주인인 아미타불阿彌陀佛에게 왕생往生을 기원하는 중생의 믿음, 곧 아미타 신앙이 담겨 있다. 왼쪽에 자비로운 아미타 삼존이 앉아 있고 오른쪽에는 배를 타고 정토로 향하는 사람들이 그려져 있는데, 자세히 보면 빈부, 남녀, 귀천 할 것 없이 빽빽하게 들어차 있다. 기원을 추측컨대 역사의 붓다(혹은 역사의 싯다르타)

[†] QR코드를 스캔하면 그림을 감상할 수 있다.

가 인도의 고질적인 계급의식, 곧 브라만 종교의 핵심 논리인 카스트 제도를 무력화한 인물이라 후대에 이런 식의 사고가 가능했을 것이다.

　깨달음에는 계급의 차이가 없다! 누구라도 깨닫기만 하면 열반에 들 수 있고 누구라도 회개하고 믿으면 하느님 나라가 그의 것이다. 이를 두고 혹자는 예수가 젊은 시절에 인도로 여행 가 불교의 이런저런 이치를 배워와 가르쳤다고도 하는데, 씨도 먹히지 않는 소리다. 그때가 어느 시절이라고…. 큰 인물을 이만저만 얕잡아본 게 아니다.

17.

국가

예수의 정치적 선택

 과거의 국가와 지금의 국가는 많이 다르다. 국가에 대한 정의도 다를 뿐 아니라 실제로 국민들이 국가의 역할을 가늠하는 데서도 차이가 난다. 예수 시대의 이스라엘은 로마제국의 식민지라 딱히 국가라고 부를 건더기가 없었다. 그러나 예수는 종종 당시 갈릴래아의 왕이었던 헤로데를 입에 올리곤 했으니 국가와 관련해 무엇인가 당시의 전후 사정을 알아볼 필요가 있다.

 헤로데 안티파스의 선왕인 헤로데 대왕(기원전 37년~기원전 4년 통치)은 이스라엘 본토 출신이 아니었다. 헤로데는 유다 땅 남쪽 이두매아 출신이었기에 유다인들에게 이방인 취급을 받았다. 그러나 로마제국의 정치적인 배려로 이스라엘 전역을 통치하면서, 이를 가능하게 해준 로마에 치성을 드리는 데 게으르지 않았다. 윗사람에겐 고개를 연신 숙이면서 아래는 사정없이 밟아대는 자전거식 통치술의 대가였다. 그는 아우구스투스 황제에게 잘 보이려 사마리아 지역 이름을 황제의 별명인 세바스테로 바꾸었고, 수려한 해변 도시 카이사리아(황제라는 뜻)를 건설해 황제에게 헌납했다. 그 이후 로마 총독부는 자연스럽게 카이사리아에 자리를 잡았다.

헤로데 대왕은 의심이 많았던 인물이라 주변 사람들을 믿지 못해 가족과 친구와 친척들을 죽이거나 잡아 가두고, 심지어 자신이 죽는 순간 예리코 궁전에서 육백 여 명의 유다인 남자도 같이 죽이라고 명령했다. 자신의 죽음은 슬퍼하지 않아도 많은 사람을 한꺼번에 죽이면 온 나라가 통곡하리라는 계산에서였다. 성서에 따르면 헤로데는 아기 예수를 찾아 없애기 위해 베들레헴과 그 일대의 두 살 이하 사내아이들을 모두 살해한 전력까지 있다(마태 2,16 참조). 사실 여부를 떠나 그가 얼마나 포악무도한 왕이었는지 잘 보여주는 예라 하겠다.

헤로데 대왕이 로마제국에게 물려받은 영토는 사마리아, 갈릴래아, 페레아, 이두매아였다. 하지만 세월이 지나면서 유다와 데카폴리스까지 선사받아 남북으로는 사해 남쪽에서 요르단강 수원水源까지, 동서로는 요르단강 건너편에서 지중해에 이르는 거대한 땅을 다스리기에 이른다. 철저하게 로마제국에 아부를 한 덕분이었다. 헤로데 사후 그의 아들들이 왕국을 분할해 물려받았는데 아르켈라오스는 유다를, 안티파스는 갈릴래아와 페레아를, 필리포스는 요르단 동북 지방의 영주에 오른다. 그중 아르켈라오스는 로마제국의 미움을 받아 기원후 6년

폐위되었고 유다는 로마 총독이 직접 다스리는 통치령이 되었다.†

예수는 헤로데 안티파스(기원전 4년~기원후 39년)가 영주로 있었던 갈릴래아 출신이다. 그런데 복음서에 보도된 상황을 보면 헤로데 안티파스는 예수에 대해 상당히 많이 알고 있었던 것 같다. 하기는 분봉왕으로서 이스라엘 전역을 들었다 놓았다 하는 폭발적인 카리스마를 소유한 예수에게 무신경했다면 그게 더 이상했을 것이다. 그는 사람들이 예수에 대해 "세례자 요한이 죽은 이들 가운데서 일으켜진 것이다. 그러기에 그에게 기적의 힘이 솟아난다"(마르 6,14)라고 하는 소문을 듣고는 자신이 죽인 세례자 요한이 떠올라 두려워했다. 또한 예루살렘에서는 예수와 직접 만나기까지 했다(루카 23,8-13 참조). 비록 예수가 로마의 직접 통치 지역인 유다 땅 예루살렘에서 체포되었지만 원래 출신은 갈릴래아다. 따라서 당시 유다 총독이었던 본시오 빌라도(26~36 통치)가 때마침 예루살렘에 와 있던 헤로데 안티파스에게 예수를 보낸 것이었다. 사실 헤로데 안티파스는 오래전부터 예수를 보기 원했으며(루카 9,9 참조) 죽이려고까지 했던 터라(루카 13,31 참조) 예수에 대한 궁금증이 대단했을 것이다. 하지만 예수는 헤로데의 질문에 침묵으로 일관했다.

---

† 한 나라를 분할해, 꼭두각시 왕조를 통한 간접 통치와 제국이 임명한 총독을 통한 직접 통치 방법, 즉 '분할하여 통치하라'(divide et impera)는 로마제국의 전형적인 통치술이었다. 이 통치술이 자리 잡은 곳이 바로 이스라엘이었다.

죄 없는 어린 아이들을 학살하다(율리우스 슈노르 폰 카롤스펠트)

교활한 여우

복음서에 보면 예수의 정치적인 입장이 드러나는 경우가 거의 없다. 당시 현실 정치에 대한 예수의 직접적인 견해는 발견할 수 없고 그저 미루어 짐작할 수 있는 말씀 한두 가지만 전해올 뿐이다. 이를테면 '황제의 것은 황제에게, 하느님의 것은 하느님에게'라는 말씀에서 로마의 지배에 대한 우회적인 언급을 읽을 수 있는 정도다(마르 12,13-17 참조). 특히, 이스라엘에 주둔한 로마군 백인대장의 믿음을 칭찬하는 장면에서는 과연 예수가 피被식민지인으로서 자존심이 있었는가 하는 의심마저 든다(루카 7,1-10 참조). 정신대 할머니들만 떠올려도 피가 거꾸로 솟는 우리네 심성으로 볼 때 영 낯선 경우다. 그렇게 예수가 로마제국에 대해서는 비교적 호의적인 모습을 보였던 데 반해 그 꼭두각시 왕인 헤로데 안티파스에겐 쓴소리를 했다.

> 바로 그 시각에 몇몇 바리사이가 다가와서 예수께 "여기서 떠나가시오. 헤로데가 당신을 죽이려고 합니다" 하고 일렀다. 그러자 예수께서 그들에게 말씀하셨다. "가서 그 여우에게 전하여라. 보라, 오늘과 내일은 내가 귀신들을 쫓아내며 질병들을 다 고쳐 주고 사흘째는 내 모든 것이 끝난다. 그러나 오늘도 내일도 그 다음날도 나는 내 길을 가야만 한다. 예언자가 예루살렘 밖에서 죽을 수는 없기 때문이다."(루카 13,31-33)

예수가 갈릴래아 전도를 마치고 예루살렘으로 향하던 무렵, 예수의 신변을 걱정하던 바리사이 몇 사람이 다가와 예수에게 경고했다. 헤로데가 당신을 죽이려 기회를 엿보고 있으니 빨리 안전한 곳으로 대피하라고 말이다. 예수 주변의 바리사이들 중엔 적대적인 자들이 많았지만 간혹 호의적인 사람들도 있었던 모양이다. 그렇다면 왜 헤로데가 예수를 죽이려 했을까? 예수에게 무슨 위협을 느꼈기에 제거하려 했을까?

예수는 분봉왕 헤로데를 가리켜 '교활한 여우'라 불렀고(루카 13,32 참조), '화려한 옷을 입은 사람들'이라 하여 사치한 생활에 빠진 왕족을 은근히 비아냥거렸으며(마태 11,8 참조), 헤로데에게 억울한 죽음을 당한 세례자 요한을 칭찬했다(마태 11,11 참조). 또한 헤로데의 지지 세력인 '헤로데파'는 예수를 곤경에 빠트리려 로마에 바치는 세금 문제로 적대적인 질문을 던졌고(마르 12,13-17 참조) 예수를 제거하려 바리사이와 모의했다(마르 3,6 참조). 그래서인지는 몰라도 예수는 "바리사이들의 누룩과 헤로데의 누룩을 조심하시오"(마르 8,15)라며 제자들에게 신신당부를 한 바 있다. 예수와 헤로데, 나아가 예수와 정치귀족인 헤로데파 사이에 무엇인가 묘한 기류가 흘렀음을 암시하는 대목이다.

예수는 헤로데에게서 무엇을 발견했을까? 비단 헤로데뿐 아니라 그의 아버지로부터 이어 내려온 왕가 전체에 대해 어떤 생각을 갖고 있었을까? 여기서 『군주론』을 쓴 마키아벨리(1469-1527)의 도움을 받아보자. 그는 통치자와 국가에 대해 분명한 정의를 내린 바 있다. 『군주론』

의 핵심으로 들어가 본다.

우선 군주는 자기 자신을 공국의 일부가 아니라 외부에 위치시킨다. 그래서 군주는 원칙적으로 공국과 근본적·본질적·법률적 관련을 맺지 않는다. 군주에겐 그저 외재성과 초월성이 있을 뿐이다. 다음으로, 외재성과 초월성 덕분에 군주의 입지는 취약하고 그로 인해 끊임없이 외부로부터 오는 위협에 처한다. 그에 따른 결과로 군주는 공국을 보호하는 게 아니라 결국 군주 자신이 가진 것들, 즉 군주 자신을 보호해야 한다. 따라서 마키아벨리가 『군주론』에서 제시한 통치술이란 군주가 자신과 공국이 맺는 허약한 관계를 정치적인 폭력과 술수를 통해서 유지시키는 데 강조점이 있다. 그처럼 과거의 통치자들은 국가와 국민을 자신의 소유물쯤으로 여겼던 것이다.

예수는 헤로데 안티파스를 '교활한 여우'라 불렀다. 틀림없이 헤로데가 개인의 이득과 정치적인 판단을 좇아 정의를 거스르는 일이 잦았기 때문이었을 것이다. 예수에 앞서 세례자 요한은 헤로데의 탈법 행각을 지적했다가 처참하게 살해되고 말았다. 그리고 예수가 '화려한 옷을 입은 사람들'이라 했다면 이는 틀림없이 헤로데에 빌붙어 호화생활을 하는 '헤로데파'를 지목한 호칭이었을 테고, 지목당한 '헤로데파'는 예수의 독설을 받아주느니 제거하는 게 낫다고 판단했다. 따라서 예수에게 정치적으로 민감한 질문을 제기할 수밖에 없었다(마르 12,13-17 참조). 이런 상황에서 예수는 제자들에게 절대로 '헤로데파'의 속임수에 넘어가지 말라고 당부한다. 이리저리 묶어보았더니 그런대로 헤로데에 대한 예수의 입장이 정리가 되는 느낌이다.

─ 로마에 순종하시오

예수의 복음이 헬라 세계로 퍼져나가면서 그리스도교는 필연적으로 로마제국과 만나게 된다. 비록 예수는 이스라엘의 종교·정치 합동 세력에게 사형을 당했지만 헬라 세계에서는 판도가 달라졌다. 복음서 외에 로마제국에 대한 직접적인 언급이 등장하는 곳은 두 군데다. 우선 바오로가 쓴 로마서 13장 1-7절이 있고 베드로계 교회에서 쓴 베드로1서 2장 11-17절이 있다. 이 구절들은 사실 논지가 너무나 분명해 달리 설명할 여지가 없다. 무조건 제국에 납작 엎드리라는 것이다.

이런 비굴한 자세에 대해서는 다음과 같은 해석이 가능하다. 로마제국의 위세가 하늘과 땅을 뒤덮고 있으니 설불리 나섰다가 그리스도인들이 몰살당하기 십상이었다. 로마제국의 자리를 교회로 대체해 세금과 군역을 거부하는 일이 비일비재하고, 엄연히 황제가 주인으로 다스리는 제국에서 하느님의 통치를 부르짖으며 남몰래 숨어서 자기들만의 예배를 드리는 게 그리스도인들이었다. 두 편지가 완성될 무렵에 그 유명한 네로 황제의 박해(64~68년)가 있었다는 사실만 보아도 당시의 분위기를 대충 짐작할 수 있다. 그러니 박해를 피하고 그리스도인들의 몰살을 막으려면 우선 저자세를 취하는 게 상책 아니겠는가. 그러나 바오로는 거기에 머물지 않았다.

바오로는 로마에 어느 정도 호감을 갖고 있었다. 이는 단순히 시민권으로 혜택을 누렸다거나 광범위한 지역의 전도를 쉽게 하게 만들어 준 도로망과 우편제도 때문만은 아니었다. 오히려 바오로에게 진정으로 매력적이었던 지점은 제국이라는 거대한 범위에서 구원의 보편성을 발견했기 때문이다. 로마제국 구석구석을 찾아다니며 전도했던 바오로는 아마 로마제국에서 희망을 발견했을 것이다. 실제로 바오로와 초기에 다양하게 접촉했고 후기 들어 은근히 경쟁관계에 놓여 있었던 예루살렘의 지도자들은 그리 통 큰 인물들이 아니었다. 그들은 여전히 유다 율법에 미련을 버리지 못했고 복음을 세계만방에 전해야 한다는 데는 원칙적으로 동의하면서도 자신들이 유다인으로서 이방인에 비해 우위에 있다는 선민選民의식에서 벗어나지 못했다. 따라서 바오로는 예루살렘 교회와 보조를 맞추다 보면 그리스도교의 세계화가 힘들다고 보았을 것이다.

바오로는 그리스도교의 발목을 잡고 있던 율법을 포기하고, 율법 대신에 믿음이라는 새로운 가치를 그리스도교의 핵심 가르침으로 부각시켰으며 유다이이 먼저 차지했다고 여겼던 구원의 우선순위마저 무시했다. "그리스도와 하나가 되는 세례를 받은 여러분이 누구나 그리스도를 새 옷으로 입었기 때문입니다. 이제는 유다인도 없고 헬라인도… 없습니다. 여러분은 모두 그리스도 예수 안에 하나이기 때문입니다"(갈라 3,27-28)라고 한다. 다른 문화와 다른 종교를 광범위하게 인정하고, 이탈리아인이 아닌 타민족도 시민이 될 수 있으며, 노예였다가 자유민이 될 수 있는 세상. 이 같은 로마제국이 갖는 큰 포용성이야말로 바오로의 선교 정책에 강력한 영향을 끼쳤다. 바오로에게 로마제국은 그리스도교가 온 세계로 나아가는 나침반이었다.

멈추지 않을 것이다

로마제국의 범위는 오늘날을 사는 우리들에게도 경탄을 금치 못할 정도다. 어림잡아 당시 세계 인구를 대략 1-2억으로 보는데 로마제국에는 모두 5천만 명이 살았다고 한다. 고도의 정치 철학과 술수 없이는 제국을 유지해갈 수 없었을 것이다.

로마는 피식민지의 언어와 문화를 통제하지 않았고 그들의 고유 종교를 거부하지도 않았다. 그 대신에 세금을 걷고 군대를 주둔시켜 자신들이 정복자라는 사실을 끊임없이 일깨워주는 데 만족했다. 종교를 통제하고 한국어 사용을 막았던 일제의 식민지 정책이 얼마나 유치했는지 쉽게 알 수 있는 대목이다. 그렇다고 제국이 피식민지에 무한정 자유를 보장한 것은 물론 아니다. 고유의 종교는 인정하되 제국 전체를 하나로 묶어주는 역할을 하는 종교는 인정해야 했다. 이름하여 '황제숭배'라 부르는 이 종교는 황제를 세상에 내려온 신으로 숭배하는 것이었다.

황제숭배는 제국의 국민에게 자신들을 다스리는 존재가 사람이 아닌 신으로 여겨지게 하여 그만큼의 존경심과 통치 효과를 얻어내려는 조치였으니, 요즘 식으로는 통치술이라 부를 수 있을 것이다. 황제숭배의 기틀을 처음 잡은 황제는 '아우구스투스'(지존자)라는 명칭을 얻은 옥타비아누스였고 이후로 모든 황제는 '신의 아들'로 숭상되었다. '로마의 평화'는 전적으로 '황제숭배' 덕분이었다. 그런데 감히 황제를 무시하는 종교가 나타나 사람들 사이에 미신처럼 퍼져 나가고 있었다. 그리스도교에 대한 박해는 피할 수 없는 역사의 수순이었다.

그리스도교는 체질적으로 황제숭배와 맞지 않았다. 그리스도인은 하느님을 황제로 모셨으니 지상의 황제에게는 존경심을 보일 리 없었고 그에 따라 각종 세금을 거부했고 징병에 응하지 않았다. 아니, '원수를 사랑하라'(마태 5,43-48 참조)는 예수님의 계명에 따라 모든 폭력을 거부했다. 그러니 아무리 너그러운 제국 정부라 할지라도 그리스도교의 독주를 받아들일 수 없었다. 그리스도교와 로마제국이 삐걱거리기 시작했고, 바오로는 그 격변의 시대에 중심에 서 있던 인물이었다. 바오로의 현실적인 고민을 충분히 짐작할 수 있는 상황이다. 하지만 예수는 달랐다.

예수는 삼 년 동안의 공생활 내내 정치적으로나, 사회적으로나, 경제적으로나 이만저만 어려움을 겪었던 게 아니었다. 그리고 종국에는 정치·종교 합동 세력에 의해 처참한 십자가형에 넘겨지고 만다. 예수의 사형을 주도한 자들의 성격만 보아도 예수가 모종의 정치적 입장을 갖

대제사장 가야파의 판결을 받고 빌라도에게 끌려가는 예수(자메 티소트)

고 있었던 게 분명하다. 그리고 상류층의 입장에서 보면 예수는 참으로 어리석은 자였을 것이다. 놀라운 기적을 행하고 구원의 말씀을 전하는 저 정도의 능력이면 얼마든지 좋은 세월을 누릴 수 있을 텐데 말이다. 그러나 예수에게는 주어진 과업이 있었다. 오늘도 내일도 그 다음날도 멈추지 않고 가야 하는 길이었다. 바로 예루살렘이 아닌 다른 곳에선 절대 죽을 수 없는 예언자로서의 사명이었다.

근대 이후 국가 개념이 많이 달라졌다. 요즘은 국가가 국민의 거의 모든 생활에 간여한다. 국가는 국민의 의료, 보건, 일자리, 복지, 안전, 심지어 자녀의 숫자까지 통제하려 든다. 말하자면 국민의 생활 전반, 곧 국민의 생명을 국가가 책임지고 있는 셈이다. 최근 우리나라에서도 국가기관의 기능에 대한 재평가가 일어나고 있다. 한곳에 몰려 있던 상당 부분의 업무를 해당 부처로 이관하라는 요구다. 이로써 국가에 대해 다시금 생각하는 계기가 되었는데 오죽했으면 대통령이 직접 나서서 국정원과 기무사의 권한을 축소했을까? 국민의 안전을 지킨다는 명목으로 법을 확대 해석해 국민의 사생활까지 사찰하거나 침해해선 안 된다는 뜻이리라. 사실 국민의 손으로 뽑은 대통령이라면 이런 상황에서 개혁 기조를 몰아가는 게 마땅하다. 그러나 마키아벨리가 설명했듯이 과거의 통치자들은 통치술에 있어, 그 성격이 오늘과 무척 달랐다.

인권을 고려하다 보면 보편 윤리와 부딪치는 일이 발생한다. 보편적인 민주주의의 원칙을 좇다 보니 개인의 권리를 무시하게 되는 경우다. 이럴 때는 윤리적인 에토스가 자칫 폭력적으로 변해 국가의 이름, 혹은 민주주의의 이름으로 개인에게 심각한 해를 끼칠 수 있다. 독일의 사회철학자 아도르노는 그의 저서 『도덕철학의 문제들』에서 "도덕적 질문은 도덕적인 행동 규범들이 공동체의 삶에서 자명하고 의문의 여지가 없는 것이길 멈출 때 항상 나타난다"고 말한 바 있다. 하느님 나라의 윤리 역시 반드시 비판적으로 해석할 필요가 있는 것이다.

예수는 당시 자행되었던 정치적 폭력을 잘 알고 있었으며 정치 현실의 더러운 속내까지 정확하게 들여다보았다. 그러니 예언자 예수가 예루살렘 말고 과연 어디서 죽겠는가?

예수를 보면 '종교는 정치에 상관하지 말라'는 세상의 말이 영 헛소리로 들린다.

18.

사람

한 사람도 버리지 않습니다

IT 기업을 운영하는 어느 사업가가 후배들을 위해 천만 원의 후원금을 내어놓기로 작정했다. 그래서 출신 대학 동아리 회장을 불러 조용히 돈을 전달했고 잘 사용하려니 하며 잊고 있었다. 그런데 우연히 접한 소식은 돈이 동아리에 전달되지 않았다는 것이었다. 자초지종을 캐물었더니 동아리 회장은 급한 일이 생겨 그 돈을 개인 용도로 사용했으며 경찰에 출두하라면 출두하고 법적 책임까지 달게 받겠다는 문자를 보내왔다. 그리고 문자의 마지막에 덧붙인 한마디는 '수고하세요'였다. 도대체 무슨 수고를 하라는 말인가. 사업가는 사과에 진정성이 담겨 있지 않다고 판단해 화가 단단히 났고 뒤이어 강력하게 꾸짖는 문자를 동아리 회장에게 보냈다. 그랬더니 동아리 회장은 다시 한 번 죄송하다는 답신을 보냈는데 마지막 말은 더욱 어이가 없었다.

'침착하세요.'

이 비슷한 경우를 어느 신부님에게 들은 적이 있다. 어떤 연구소에서 성서주석서를 집필해달라는 부탁이 들어와 일 년여를 고생한 끝에 완성본을 보냈다. 그런데 원고를 교열하던 연구원의 마음에 들지 않았던 모양이다. 주제넘은 충고와 지적을 한 뒤에 교정본에 덧붙인 마지막 말이 특히 가관이었다. '신부님, 의기소침하지 마세요.' 성서학 박사에 30년 이상 성서연구 경력을 가진 60세를 훨씬 넘어선 신부님이 30대 연구원에게 들을 수 있는 충고가 분명 아니었다. 신부님은 화가 머리끝까지 났고 연구소에 강력하게 항의했지만 결과가 어땠는지 후문은 듣지 못했다. 그 연구원이 과연 가슴 깊이 후회하며 진심 어린 사과를 했을까?

두 가지 경우 외에도 요즘 이런 유의 이야기를 심심치 않게 접한다. 왜 이런 일이 생길까? 사천 년 전 고대 메소포타미아 문헌에 쓰여 있는 대로 '요즘 젊은 것들은 버릇이 없어'라는 역사가 여전히 반복되는 것일까, 아니면 혹시 다른 이유가 있을까?

── 같은 정신으로, 같은 영 안에서

바오로가 곤경에 처했던 적이 있었다. 코린토 교회의 몇몇 교우들이 사도에게 의심을 품었던 까닭인데 그 사연은 대략 다음과 같다.

바오로는 지중해권을 두루 다니면서 교회를 설립하긴 했지만 정작 그 교회에 오래 머무르지는 않았다. 그러기보다는 어서 다른 지역으로 옮겨 가 복음을 전파하는 데 총력을 기울였다. 그에게 주어진 신성한 임무가 '아들을 이방인에게 알리는 일'이어서였다(갈라 1,16 참조). 더불어 또 한 가지 중요한 임무가 있었는데 예루살렘 사도회의가 열렸을 때 가난한 이를 기억해달라는 예루살렘 교회의 요청(갈라 2,10 참조)에 따라 구제금을 모아 전달하는 것이었다(로마 15,31; 1코린 16,1-4). 예루살렘에서 사도회의가 열렸던 게 대략 기원후 49년이고 로마서의 집필 연대가 58년경이니 바오로는 십 년 가까이 그 일을 쉼 없이 했던 것으로 보인다. 얼마나 전심전력으로 임했던지 자신의 전도 계획마저 수정할 정도였다(2코린 1,12-24; 로마 15,22-33). 그런데 예루살렘에 구제금을 전달하는 일이 순조롭지만은 않았다.

코린토 1서 16장 3절에 보면 "내가 도착하면 여러분이 인정하는 이들을 내가 편지와 함께 보내어 여러분의 성금을 예루살렘으로 가져가게 하겠습니다"라고 한다. 바오로가 성금을 전달하는 임무를 맡길 때 구태여 '여러분이 인정하는 사람들'을 선택한 이유는 무엇일까? 코린토 1서보다 약 오 년쯤 후에 쓴 코린토 2서에서 이유가 밝혀진다. "그렇습니다. 나는 여러분에게 짐을 지우지 않았습니다. 그런데 내가 간교해서 여러분을 속임수로 휘어잡았다고 합니다. 내가 여러분에게 보낸 이들 중에서 누군가를 앞잡이로 세워 여러분을 등쳐먹기라도 했습니까? 나는 티토에게 청하여 그곳으로 가도록 했고 또 그 형제를 함께 딸려 보냈습니다마는 티토가 여러분을 등쳐먹기라도 했습니까? 우리들이 같은 정신으로 거닐지 않았단 말입니까? 같은 길을 걷지 않았단 말입니까?"(2코린 12,16-18).

상황은 분명하다. 바오로가 코린토 교회에 예루살렘 모교회의 구제금을 위한 성금을 부탁했고 이를 전달할 사람이 필요했다. 그때 아예 코린토 교우들이 신뢰할 수 있는 사람 둘을 약속했으며, 약속대로 티토와 또 한 사람을 보냈다. 그런데 후에 코린토 교회에 수상한 소문이 나돌았다. 바오로가 성금 중 일부를 착복했다는 것이다. 요즘 말로 하면 일종의 '배달사고'라고나 할까? 이 소식을 접한 바오로(1코린 1,11 참조)는 분이 머리끝까지 차올랐다. "내가 여러분을 속여 돈을 빼돌린 적이 있습니까? 그런 의심이 생길까 해서 여러분이 신뢰하는 티토를 보낸 것 아닙니까? 그리고 혼자보다는 둘이 아무래도 낫겠다 싶어 한 사람 더 딸려 보냈습니다. 그런데 도대체 왜 그런 말이 코린토 교회에 나도는지 모르겠습니다." 그리고 드디어 바오로의 속내를 드러낸다. "우리들(티토와 나)이 같은 정신으로 거닐지 않았단 말입니까? 같은 길을 걷지 않았단 말입니까?"(2코린 12,18).

'같은 정신으로!', 즉 '토 아우토 프뉴마티τῷ αὐτῷ πνεύματι라는 이 말은 필자가 성서신학을 공부하면서 발견한 몇 안 되는 아름다운 표현들 중 하나다. 바오로가 자신의 동역자와 제자들에게 요구하는 절대 기준이 이 한 구절에 들어 있다. 언제나 진실한 사람으로, 바오로와 같은 이상을 나누고 같은 길을 가는 사람으로 티토를 평가한 것이다. 같은 표현이 코린토 1서 12장 9절에 한 번 더 나오는데 이곳처럼 그 뜻이 분명하지는 않다. 오히려 표현은 약간 다르지만 코린토 2서 4장 13절의 '같은 믿음의 정신(영)으로'가 가까운 의미다. 편지를 읽었던 코린토 교회 교우들은 사도에게 품었던 자신들의 의심이 부끄러워 몹시 낯이 뜨거워졌을 법하다. 만일 바오로의 진심에도 불구하고 여전히 의심을 풀지 않았다면 코린토 교회의 그리스도인들은 얼마나 뻔뻔스런 사람들인가.

━━ 다른 정신으로

복음서를 읽어보면 예수는 활동 초기에 제자들을 불러 모았다. 마르코 복음 1-2장에 제자들의 발탁이 집중되어 있고 3장에는 제자들 중에서 특별히 열둘을 뽑아 사도로 임명한다(마르 1,13-19; 마태 10,1-4; 루카 6,12-16 참조). 선발된 열두 사람의 역할은 둘로 나뉘는데, 하나는 예수와 동행하면서 그분의 가르침을 배우고 익히는 '제자마테테스'이고 다른 하나는 예수의 명령에 따라 '하느님의 나라'를 전파하고 다니는 '사도아포스톨로스'이다. 우리가 같은 이들을 두고 '열두 제자'라고도 부르고 '열두 사도'라고도 부르는 이유는 거기에 있다. 예수의 제자들은 라삐의 제자들과 많이 달랐는데, 라삐는 제자들과 함께 유랑하며 가르치지 않았다. 하지만 예수의 제자들은 스승과 동행하며 가르침을 받고 복음 전파를 위해 파견된다. 그런데 이렇게 공들여 뽑은 사도들의 면면을 보면 예수에게 과연 사람 보는 눈이 있는지 회의가 들 정도다.

예수는 죽음을 가까이하고 살았던 분이다. 공생활 내내 예수는 죽음을 옆에 끼고 이스라엘 방방곡곡을 다녔다 해도 과언이 아닌데 갈릴래아에서 활동하던 시절에 이미 세 번이나 자신의 비참한 죽음을 예고하신 바 있다(마르 8,31; 9,31; 10,33-34 참조). "인자는 대제관들과 율사들에게 넘겨질 것입니다. 그러면 그들은 인자에게 사형을 선고하고 이방인들에게 넘겨 줄 것입니다. 저들은 인자를 조롱하고 침을 뱉으며 채찍질을 한 다음 죽일 것입니다"(10,33-34). 그리고 비슷한 맥락에서 "인자도 섬김을 받으러 온 것이 아니라 오히려 섬기고 또한 많은 사람들을 대신해서 속전으로 자기 목숨을 내주러 왔습니다"(10,45)라고 한 예수의 말씀도 들을 수 있다. 그런가 하면, '신랑을 빼앗길 날'(마르 2,20)이라고 하여 예수는 은유적으로 자신의 죽음을 내다보았고 그분의 발에 향유를 부어 장례를 준비한 여인을 칭찬하신 적도 있었다(요한 12,1-11 참조). 특히, 요한복음 15-17장에서 제자들에게 하신 예수의 말씀('이별설교')은 구구절절이 그분의 죽음을 암시하고 있어 읽는 이로 하여금 눈시울이 절로 뜨거워지게 한다.

예수가 그처럼 심각하게 죽음을 생각하고 있었던 반면 가장 가까이 그분을 모셨던 제자들은 무신경했다. 복음서에는 제자들이 예수의 가르침을 제대로 이해하지 못하는 모습이 종종 등장한다(마르 4,13; 6,52; 7,18; 8,14-21 참조). 그러나 워낙 배운 것 없는 어부나 세리 등의 하층 계급 출신이라는 점을 감안하면 그런 대로 납득할 만하다. 하지만 스승이 죽음을 앞두고 공포와 번민에 싸여 밤새워 기도하고 있는데(14,34 참조) 옆에서 한가하게 잠이나 자고(14,32-42 참조), 자신의 안전을 위해 스승을 부인하고(14,66-72 참조), 예수가 십자가에 달리게 되자 일시에 줄행랑을 놓은 데서 모자라 안전한 가옥에 숨어 문까지 꼭꼭 걸어 닫은 것을 보면(요한 20,19 참조) 아무리 무심한 제자들이라 해도 솔직히 너무한다는 생각이 든다. 도대체 제자들은 어떻게 생긴 자들이기에 스승의 마음을 그렇게도 헤아리지 못했을까? 그리고 예수는 하필이면 그런 자들을 제자로 뽑으셨을까?

제자들은 예수가 하는 일을 보는 눈이 닫혀 있었다. 예수가 갈릴래아 바다의 험한 풍랑을 가라앉히자 겁을 먹어 두려워했고(마르 4,41 참조), 물 위를 걸어오는 예수를 보고 유령으로 착각해 비명을 질렀으며(6,49 참조), 예수의 변모를 목격하자 말문이 막히고 겁에 질려버렸다(9,6 참조). 제자들은 예수가 하신 말씀을 듣는 귀도 막혀 있었다. 그들은 예수의 말씀을 이해하지 못해 종종 따로 교육을 받았고(참조: 4,10-20; 7,17-23), '누룩을 조심하라'는 예수의 말씀에 엉뚱하게 빵을 미리 준비하지 못한 불찰을 스스로 나무랐으며(8,16 참조), 예수가 자신의 죽음을 예고하자 그분을 책망하기까지 했다(8,32 참조).

마르코복음에 따르면 제자들은 비록 예수의 부르심을 받아 길을 나선 사람들이었으나 속셈은 딴 데 있었다고 한다. '예수의 제자입네' 하고 자신들의 기적 능력을 사람들 앞에서 뽐내려는 과시욕과(8,28-29 참

그리스도를 부인하는 베드로(귀스타프 도레)

조) 예수 이름으로 귀신을 내쫓는 자를 못하게 막아 자신들의 정통성을 지키려는 집단 이기주의를 가지고 있었다(9,38-41 참조). 그러나 무엇보다도 그들의 참모습이 유감없이 드러난 것은 '자리 청탁' 사건이다(10,35-40 참조).

어느 날 야고보와 요한 형제가 예수에게 와서 영광의 자리에 오를 때 각각 오른편과 왼편에 앉게 해달라는 부탁을 한다. 그러자 예수는 "내가 마시는 잔을 마실 수 있습니까?" 하고 되물었고 그들은 서슴없이 "할 수 있습니다"라고 대답한다. 자리 욕심에 물불을 가릴 틈이 없었던 모양이다. 그들의 선선한 대답에 어이가 없어진 예수는 '원래 자리 배정은 하느님의 몫'이라는 대답으로 말꼬리를 돌려버리신다. 같은 이야기를 마태오 복음사가는 더욱 그럴듯하게 꾸며 어머니가 나서서 아들들의 자리를 부탁했다고 전한다(20,20-28). 말하자면 예수 앞에서 한바탕 치맛바람이 불어 닥쳤다는 뜻이다. 그리고 후에 일이 탄로나자 다른 열 제자가 두 형제의 의리 없는 행동을 두고 몹시 화를 냈다고 하는데 이미 제자들끼리 길거리에서 서열 다툼을 한 전력(마르 9,33-34)에 비추어보면 충분히 이해가 간다. 야고보와 요한은 아마 예루살렘 입성을 앞둔 예수의 눈빛에 나타난 비장한 각오를 보고, 바야흐로 거사의 때가 도래했다는 짐작을 했을지 모른다. 그러니 먼저 자리를 맡으면 임자 아니겠는가?

─ 포기하지 마시오

앞의 예의 없는 젊은이들로 돌아가보자. '수고하세요, 침착하세요, 의기소침 하지 마세요'라고 한 젊은이들은 분명히 상황에 따라 적절하게 해야 하는 말을 배워본 적이 없었을 것이다. 그러니 자신들의 경험이 미치는 한 최대로 공손한 표현을 했고, 분노한 어른에게 마음 좀 가라앉히시라는 조언을 했으며, 실망하지 말아 달라는 의사를 표현했다. 만일, '머리 숙여 용서를 빕니다, 저의 잘못이니 고정하세요, 제가 주제넘은 것 알고 있으니 너그럽게 이해하시고 다시 한 번 글을 검토해주세요'라며 정중하게 글을 썼다면 상황이 달라졌을지 모른다. 하지만 배운 적도 없는데 어떻게 그런 정중한 표현을 할 수 있겠는가. 잘못은 전적으로 어른들에게 있다.

예수를 팔아넘긴 배신자 유다, 세 번 예수를 부인한 베드로, 비장한 각오로 예루살렘에 들어가는 예수에게 자리를 청탁한 야고보와 요한 형제, 예수 몸의 상처에 손을 넣어보겠다던 의심 많은 토마스까지, 같은 정신은커녕 예수의 발가락에도 못 미치는 인물들이다. 왜 예수는 이들을 제자들이자 동역자로 인정했을까? 왜 바오로가 요한 마르코와 결별한 것처럼(사도 15,36-41 참조) 예수는 제자들을 정리하지 않았을까?

"여러분은 눈이 있어도 보지 못하고 귀가 있어도 듣지 못합니까?"(마르 8,18), "여러분은 아직도 깨닫지 못합니까?"(8,21), "여러분이 이 비유도 알아듣지 못하니, 어떻게 그 모든 비유를 이해하겠습니까?"(4,13),

"여러분은 왜 겁냅니까? 아직도 믿음을 갖지 못합니까?"(4,40), "여러분도 그토록 깨닫지 못합니까? 여러분은 정말 알아듣지 못하겠습니까?"(7,18), "아, 믿음이 없는 세대로다. …언제까지 여러분에게 참고 있어야 한단 말이오?"(9,19), "내 뒤로 물러가라, 사탄아! 하느님의 일은 생각하지 않고 사람들의 일만 생각하는구나"(8,33).

바오로는 다분히 목적 지향적인 인물이었다. 그에게는 '같은 정신'으로 무장된 굳건한 사람들이 필요했다. 종말이 얼마 남지 않았다는 위기감에서 그랬을 수도 있지만 원래부터 그는 좌우 돌아볼 틈 없이 앞만 보고 나가는 투사의 정신을 갖고 있어서일 수도 있다. 요한 마르코처럼 신뢰감 없는 사람이 눈에 찰 리 만무하다. 그에 비해 예수는 제자들을 꾸짖을지언정 결코 버리지 않는 분이다. 유다의 배신을 응징하는 분이라기보다는 안타까워하며 가슴 아파 눈물을 흘릴 분이다. 제자들을 향한 꾸짖음 하나하나에서 연민의 정이 느껴지는 까닭이다. 유다인의 탈무드에는 다음과 같은 지혜가 담겨 있다. "만일 한 사람을 죽이면 전 인류를 죽이는 것이다. 그리고 만일 한 사람을 구하면 전 인류를 구하는 것이다. 왜냐하면 모든 인류는 한 사람, 곧 아담에게서 시작되었기 때문이다."

모르면 알 때까지 꾸짖고 가르쳐야 한다. 한 사람도 포기하는 일은 없어야 한다. 복음의 정신은 예수의 인간 이해를 섭렵한 후에야 완성될 수 있을 것이다. 바오로를 일면 심중의인心中義人으로 받아들이지만 그에게 전적으로 기대지 못하는 이유가 거기에 있다.

19.

여성

언제까지 뒤에 있어야 하나요

십 수 년 전 어느 수도회의 서품식에 초대받아 간 적이 있었다. 수사님 한 분이 제자였던 게 인연이 되어 참석한 서품식이었는데 볼 만한 광경이 벌어졌다. 수도회와 관련을 맺은 십여 분의 주교님들이 무대에 자리 잡았고 아빠스를 비롯한 수도회 어른들과 외국에서 온 손님 신부님들이 대거 앞자리를 차지했다. 족히 서른 분은 되어 보였다. 그리고 사제로 추천받은 수사님을 '어디에 있느냐?'고 부르자 그 수사님은 목소리도 우렁차게 '네, 여기 있습니다' 하며 무대 위로 성큼 뛰어 올라갔다. 아는 사람은 다 아는 내용으로 가톨릭교회의 전형적인 신품성사 예식이다. 앞에서 그리도 정연하게 예식이 진행되는 동안 잠시 뒤를 돌아보았다. 그랬더니 성당 뒤쪽에서는 전혀 다른 광경이 벌어지고 있었다.

한복을 곱게 차려입은 여성 신자들이 이리저리 분주하게 뛰어다니며 손님들을 대접하고 간간이 들리는 대화는 아래층 식당에 음식이 제대로 차려졌는지 수소문하는 것이었다. '주문한 떡이 왜 제때 안 도착하느냐, 예식이 끝나 주교님들이 식당에 갔을 때 잡채가 알맞게 데워져 있어야 하는데 걱정이다. 자매님은 왼쪽 두 번째 줄까지 책임지고 아래층으로 모셔라.'

앞과 뒤가 이렇게 다를 수 있을까? 화려한 복장에 멋진 모자를 쓰고 지팡이까지 짚으신 분들이 무대에 대거 모여 예식에 집중하는 동안 성당 뒤쪽과 식당에선 누군가 맘을 졸이며 죽어나고 있는 실정이었다.

오늘날 교회 내에서 여성의 지위에 대한 논의는 크게 한 방향으로 모아진다. 우선 교회 내에서 여성에게도 남성과 같은 기회가 주어질 수 있는가이고, 문제를 좀 더 정교하게 가다듬으면 여성에게 성직을 부여할 수 있는가이다. 특히, 세계 그리스도교 인구의 5분의 4에 해당하는 로마가톨릭과 정교회는 여성 성직을 인정하지 않고 있으니 그에 따른 중차대한 책임을 지고 있는 셈이다. 사실 정치, 사회, 경제, 인문학, 자연과학, 의학, 법 등 교회에서 한 발자국만 벗어나도 여성의 지위는 획기적으로 변화했고 여성 대통령이 선출됐다 해서 크게 충격 받을 일도 아니다. 그런데 그리스도교는 왜 이 모양인가?

예수 주변의 여인들

여성도 교육을 받을 수 있을까? 오늘을 사는 우리들에게는 질문 축에도 들지 않지만 예수가 살던 당시의 유다 땅에서는 어림도 없는 질문이었다. 학교는 소년만 위한 곳이었고 여성들에게는 토라 공부의 길이 막혀 있었으며 회당 집회 때도 방청객에 불과했다. 하지만 예수는 달랐다. 그분은 여성에게도 공평한 교육의 기회를 주었다.

> 그러자 주님께서 대답하여 이렇게 말씀하셨다. "마르타, 마르타, 당신은 많은 일 때문에 걱정하며 부산을 떨지만 필요한 것은 한 가지뿐입니다. 사실 마리아는 그 좋은 몫을 택했고 그것을 빼앗기지 않을 것입니다."(루카 10,41-42)

'마리아와 마르타 이야기'(루카 10,38-42 참조)는 예수가 여성에게도 동등한 교육 기회를 주었음을 알 수 있은 좋은 예다. 어느 날 마르타와 마리아 자매가 사는 집에 예수와 그 일행이 들러 식사 대접을 받았다. 마르타는 손님들 음식 장만에 여념이 없었고, 마리아는 동기의 분주함을 외면한 채 예수의 말씀에 열중해 있었다. 손님이 오면 어디 가나 여성만 바쁘게 되어 있다. 그때 마리아는 예수의 "발치에"(프로스 투스 포다스: 39절) 앉아 말씀을 들었는데, 이는 율사가 제자들에게 가르침을 베풀 때만 제한적으로 쓰는 전문용어다. 즉, 이 표현은 예수가 여성들에게 정식으로 제자 교육을 했다는 사실을 의미하며 정통 유다교에서는 있을 수 없는 일이었다. 같은 표현이 사도행전 22장 3절과 마태오복음 5장 1절에도 나온다.

다음으로 예수가 사마리아 여인과 나눈 대화(요한 4,1-42 참조)도 여성의 제자 교육에 중요한 암시를 제공한다. 어느 날 예수는 사마리아 지방으로 들어갔다. 유다인은 유배 시기(기원전 587-538) 이후로 이방인의 피가 섞였다고 하여 사마리아인과 상종조차 하지 않았다(2열왕 17,24-41; 집회 50,25-26). 그런데 피가 깨끗한 유다인 예수가, 그것도 상죄인 취급을 받는 사마리아 여인에게 말을 먼저 붙였으니 경악할 노릇이었다.

대화를 나누던 중 예수를 부르는 여인의 호칭이 여러 차례 바뀐다. 우선 여인은 예수를 평범한 '유다인'으로 불렀다가(9절), 그분의 자신감 넘치는 목소리를 듣고 나서는 구약성서의 유명한 조상인 '야곱보다 더 위대하신 분'인지 물어보았고(12절), 다음에는 초대교회 시절의 일반적인 명칭이었던 '주님'으로 예수를 부른다(15절). 그리고 예수가 여인의 전력을 속속들이 알고 있다는 사실을 알고 나서는 그를 '예언자'로 불렀다가(19절), 진정한 예배에 대한 예수의 명쾌한 답변을 듣고 나서는 그가 '그리스도'이심을 서서히 깨달아 간다(26,29절). 여인은 마을로 들어가 예수를 증언했고 많은 사마리아인들이 예수를 믿게 되었으며 마침내 예수는 '참구원자'로 추앙을 받는다. 예수에게 붙여진 다양한 호칭을 통해 우리는 사마리아 여인이 예수의 참모습에 접근해가는 과정을 볼 수 있다. 여인이 가졌던 뛰어난 이해력의 결과였다.

여성에 대한 재인식이 마리아와 사마리아 여인에게만 국한된 게 아닙니다. 마리아의 동기 마르타는 "주님은 이 세상에 오시기로 된 그리스도요 하느님의 아들이심을 믿습니다"(요한 11,27)라는 모범적인 신앙고백을 했고, 부활 예수를 만난 마리아 막달레나는 "나는 주님을 뵈었습니다"(요한 20,18)는 표준적인 사도직 선언을 했다. 그리스도교 역사에서 최초로 신앙고백을 한 인물은 베드로다(마태 16,16 참조). 그러나 여성들의 신앙고백은 질적으로 남성들과 전혀 차이가 없으며 남성 제자들의 우유부단함을 감안한다면 오히려 신뢰감 넘친다. 삶 전체로 자신의 신앙을 증명했기 때문이다(마르 1,29-31; 7,24-30; 14,3-9; 15,40-47; 16,1-8;루카 8,1-3; 요한 12,1-8; 19,25-27 참조).

예수는 여성을 가르치는 데 한 치의 망설임도 없었다.

─── 여 성 이 성 직 에 오 를 수 있 는 가 ?

예수의 열두 사도는 전원 남성이다. 그들은 예수에게 선발되어 그분과 함께 다니며 하느님나라를 선포했고 정식으로 파견까지 받았다(마태 10,1-15 참조). 그리고 베드로에게는 천국의 열쇠가 주어지면서 수위권이 인정됐다(마태 16,17-20 참조). 사실 남성들로만 이루어진 예수의 사도단에 여성이 낄 자리가 없었다. 그런데 예수의 부활·승천 이후 생긴 교회의 상황을 보면 꼭 그렇지만도 않았던 것 같다.

바오로가 전하는 바에 따르면 코린토 부근 켕크레애 항구에 세워진 교회에는 포이베라는 여성 교회 일꾼이 있었다(로마 16,1-2 참조). 정확히 말해 '켕크레애 교회의 봉사자 포이베'다. 여기 사용된 헬라어 '디아코노스'는 봉사자, 성직자로 번역이 가능하며 가톨릭교회 직제의 삼성직 중 하나인 '부제'의 기원이 되는 호칭이다. 디아코노스의 자격에 대해서는 티모테오 1서 3장 8-13절에 자세하게 나온다. 그러니까 1세기 교회에 이미 여성 성직자가 있었던 것이다.

여성 성직에 대한 또 하나의 믿을 만한 자료는 로마제국의 문헌에 등장한다. 이는 그리스도교 문헌이 아니라 신빙성이 없다고 말할 수 있을지 모르나 그 역발상도 가능하다. 오히려 주변 세계에서 인정할 정도로 여성 성직이 자명했다는 논리가 가능하다는 뜻이다. 오현제五賢帝 중 하나인 트라야누스 황제 시절(98~117년) 비티니아 속주에 총독으로 발령받아 간 플리니우스는 그리스도인 문제로 황제에게 문서를 보낸 적이 있었다. 112년의 일이다. 그는 그리스도인들로 고발된 자들의 처리 지침을 황제에게 문의하면서 여러 가지 경우를 거론했다. 일단 그리스도인으로 고발되면 신앙과 목숨 사이에 양자택일하라는 요구를 했고, 잡혀 온 신자들 중에 이십 년 넘게 신앙생활을 한 남자들마저 믿음을 포기했다고 전한다. 그 대목에서 한 가지 덧붙이는데 "그럴수록 나는 여부제로 불리던 두 노예로부터 고문을 해서까지 진실을 알아내는 것이 더욱 필요하게 생각되었습니다."(A. 프란츤 『세계 교회사』

최석우 역, 분도 2018, 69쪽)라고 한다. 여기서 '여부제로 불리던 두 노예'를 라틴어 원문으로 옮기면 duabus ancillis, quae ministrae dicebantur이다. '미니스트레ministrae', 곧 두 노예 여성은 성직자였다.

바오로는 포이베의 신앙을 칭찬했다. 그녀는 모든 그리스도인들의 후원자로 뛰어난 활약을 했던 까닭이다. 또한 두 여성 성직자들을 고문할 수밖에 없었다는 플리니우스의 고백을 통해 목숨을 담보로 잡히면서까지 믿음을 버리지 않았던 대쪽 같은 신앙의 선배를 만날 수 있다. 어떤 심약한 남성은 이십 년 신앙 인생을 헌신짝처럼 버렸는데 말이다.

여기서 자연스럽게 한 가지 의문이 생긴다. 그렇다면 왜 1세기 교회에는 엄연히 여성 성직이 존재했는데 그 후로는 상황이 바뀌었을까? 한 가지 중요한 암시를 코린토 1서에서 발견할 수 있다.

> 나도 전해 받았고 또 여러분에게 제일 먼저 전해 준 것은 이것입니다. 곧, 그리스도께서는 성경 말씀대로 우리 죄를 위해서 죽으시고 묻히셨으며, 또 성경 말씀대로 사흘 만에 일으켜지시고, 케파에게, 다음에는 열두 제자에게 나타나셨습니다. 이어서 그분은 한 번에 오백 명이 넘는 형제들 앞에 나타나셨습니다. 그중의 대부분은 아직도 살아남아 있지만 몇몇은 잠들었습니다. 이어서 그분은 야고보에게, 그 다음에는 사도들에게 …나타나셨습니다(1코린 15,3-7).

도입문인 3절을 제외하면 4-7절은 1세기 교회에서 널리 통용되었던 공식적인 부활 발현 목격자 명단이다. 바오로 역시 명단을 입수해 여기에 실은 것인데, 여기에 부활 예수를 처음으로 만난 마리아 막달레나(마르 16,9-11 참조)는 쏙 빠져 있다. 마리아의 경우는 선배들도 알고 우리도 알고 하늘마저 아는 일이다. 여기서 중요한 점은 명단에 마리아 막달레나의 존재가 빠져 있고, 이로써 여성이 교회의 핵심에서 제외되었다는 사실이다. 말하자면 1세기 교회에서부터 '여성 제치기'가 조직적으로 시작되었던 것이다.

그리스도교 안팎에서 여성 성직에 대한 논의가 뜨겁다. 일찌감치 여성 성직을 인정해 평등의 길로 나아간 몇몇 개신교 교단들과 성공회는 그런대로 예봉을 피해가는 편이다. 하지만 직격탄을 맞는 가톨릭의 경우 문제가 심각하다. 신부들의 아동 성추행이 세계 언론을 뜨겁게 달구면서 여성 성직이 대안으로 등장하고, 제멋대로 여성에게 사제 서품을 주었다가 파문당한 오스트리아 주교도 있으며, 중국 가톨릭교회와 로마 사이에 뜨거운 쟁점 중 하나도 바로 여성 성직이다. 우리나라는 여성 성직이 쟁점화되지 않는 안전지대라지만 이는 어디까지나 수면 아래의 상황을 고려하지 않은 생각이다.

가톨릭에서 오늘날 여성의 능력이 남성보다 부족하다고 말하는 사람은 없다. 여성과 남성은 신학적으로나 생물학적으로나 사회적으로나 동등한 능력을 갖고 있다. 그러나 예수는 여성을 사도로 파견하지 않았다. 왜 그랬을까?

여인들 앞에 나타나신 예수(자메 티소트)

복음서에 따르면 예수는 여성을 제자로 받아들였지만 사도로 파견하진 않았다. 그리된 데는 복잡한 사연이 있었던 것 같지 않다. 당시는 이스라엘의 치안 상태가 몹시 불안했다. 예리코로 가다간 강도를 만나기 십상이고(루카 10,30-37) 예수마저 사도를 파견할 때 지팡이와 칼을 준비하라는 다짐을 했다(마르 6,8;루가 22,36 참조. 지팡이와 칼은 맹수나 강도를 물리치는 데 필요했다). 과연 그런 상황에서 여성을 사도로 파견할 수 있었을까? 약한 여성들이 복음 전도의 길에 나섰다가는 자칫 봉변을 당하지 않았겠는가? 그렇게 여성이 파견되진 않았지만 예수의 본심을 알 수 있는 경우가 한 가지 있기는 하다. 바로 사마리아 여인이 예수와 대화를 마친 후 마을에 돌아가 예수가 그리스도임을 선포한 사건이다(요한 4,1-42).

교황 베네딕토 16세가 쿠바를 사목 방문한 적이 있다. 교황의 신성한 임무 중 하나가 세계 곳곳을 두루 다니며 그리스도인들을 격려하고 신앙을 공고히 하게 도움을 주는 것이기에 당연히 교황의 방문에 기대를 품기 마련이다. 우리나라에 프란치스코 교황이 왔을 때도 세월호 유족들을 교황이 진심으로 위로했던 기억이 난다. 아무튼 베네딕토 16세가 받은 질문은 여성이 왜 사제가 될 수 없는지였고 교황은 그에 대해 어떤 형태로든 여성이 남성과 차별받아서는 안 되지만 예수에게서 사도로 파견 받은 이들은 모두 남성이었다는 취지의 답을 했다고 한다.

열두 사도가 모두 남성이기에 이런 논리를 내세운 듯한데, 그리 따지면 결국 예수가 다시 와서 여성에게도 성직을 부여하라는 명령을 내리기 전까진 가톨릭에서 여성 사제가 등장할 가능성은 전무하다.

과연 예수가 '여성에게도 성직을 허락하라'는 말을 전하러 이 땅에 다시 올 수 있을까? 그럴 양이면 교회는 왜 존재하는가?[†]

[†] 591년 그레고리 교황은 마리아 막달레나를 창녀로 선포했으나, 2016년 교황청은 공식적으로 그녀를 사도들과 동등한 지위에 올려놓았고 예수 부활의 첫 목격자임을 확인했다. 교황청의 변화 한 가지로 꼽을 수 있다.

20.

평등

교회의 민주화

한 번 잡은 권력을 포기하긴 쉽지 않다. 기득권 세력의 탐욕을 신나게 비판하던 사람도 일단 권력을 차지하면 태도가 살벌하게 바뀌곤 한다. 대통령부터 초등학교 반장까지 권력의 유혹에서 벗어나기는 쉽지 않다. 변화무쌍한 권력의 양상을 보여주기에 가장 합당한 예는 누가 뭐래도 그리스도교일 것이다. 교회는 지난 이천 년 동안 어떤 형태로든 명맥을 유지했고 그 핵심에서 권력을 잡고 놓치는 영욕의 역사가 반복해 일어났기 때문이다. 아마 그리스도교의 시작인 예수도 주변 사람들의 눈에는 기성 권력에 도전해 새롭게 힘을 얻으려는 분으로 비쳤을지 모른다. 그때부터 이야기를 시작해보자.

예수 당시 유다 땅에는 계층 간에 선명한 구분이 있었다. 의인과 죄인, 가진 자와 못 가진 자, 귀족과 천민, 남성과 여성 등이 있었는데,

주목할 점은 계층을 구분하는 기준이 율법이었다는 것이다. 우리에게 알려진 모세오경의 다른 이름은 '토라'인데 원래 지침, 법, 혹은 가르침을 뜻한다. 그에 맞게 모세오경 중에서 창세기부터 탈출기 전반부까지의 이스라엘 고대 역사를 제외한 나머지 모두는 법령집으로, 여러 사안에 대해 한 줄 한 줄 치밀하게 규정해놓았다. 정결례, 제사규정, 민법, 형법, 손해배상법에 이르기까지 오늘날의 육법전서를 방불케 한다. 문제는 이 모든 법을 철저하게 준수해야 올바른 유다인으로 존중받는다는 데 있었다. 모세오경에 나오는 율법의 기본 성격은 법전이지만 하느님에게 인정받기 위해서는 반드시 글자 그대로 지켜야했던 것이다.

모세오경에 보면 어떤 법규든지 도입문은 "주님께서 모세와 아론에게 이르셨다"(레위 11,1 참조)로 설정했다. 그리고 이어 나오는 대목에서, 이를테면 "너희는 이스라엘 자손들에게 이렇게 일러라. '땅 위에 사는 모든 짐승 가운데 너희가 먹을 수 있는 동물은 이런 것들이다. 짐승 가운데 굽이 갈라지고 그 틈이 벌어져 있으며 새김질하는 것은 모두 너희가 먹을 수 있다'(11,2-3)고 한다. 말하자면 하느님이 몸소 소는 먹을 수 있지만 새김질을 하지 않는 돼지는 먹으면 안 된다고 법으로 세우신 셈이다. 그렇게 지엄하신 하느님의 명령인데 감히 돼지고기를 먹을 수 있겠는가.

── 예수의 파격적 가르침

율법이 계층을 가르는 기준이 된다. 아니, 나아가 종교가 계층을 나누는 척도라고 하면 이를 의아하게 여길 분들이 있을 것이다. 물론 요즘 기준으로 말이다. 하지만 그 상태로 수백 수천 년을 살아온 민족이라면 이야기가 달라진다. 한때 우리나라도 가족끼리 식사를 할 때 남녀가 따로 밥상을 차려 먹었고, 여성이 호주가 될 수 있는 법이 통과되기까지 얼마나 오랜 세월이 걸렸는지 모른다. 그런데 예수의 가르침들 중 몇 가지를 꼽아 보면 율법에 대한 전향적인 시각이 발견된다.

> 그러나 여러분은 랍비라고 불려서는 안 됩니다. 사실 여러분의 선생은 한 분이요 여러분은 모두 형제들입니다. 또한 여러분은 땅에서 누구를 여러분의 아버지라고 부르지 마시오. 사실 여러분의 아버지는 오직 한 분, 하늘에 계신 분입니다. 여러분은 사부라고 불려서도 안 됩니다. 여러분의 사부는 오직 한 분, 그리스도이기 때문입니다 (마태 23,8-10).

예수가 경계한 호칭들 중 '선생님'이라는 뜻을 가진 '라삐'는 율법 해석의 전문가를 일컫는 말로 알려져 있다. 하지만 예수 당시에는 고정된 뜻은 없었고 그저 스승으로 모실 만한 분에게 일반적으로 붙이는 호칭이었다. 예수 역시 종종 '라삐'라는 호칭으로 불리었다(마르 11,21

등) 우리나라에서도 존경하는 분을 보통 '선생님'이라 부르지 않는가! 다음에 나오는 '아버지'는 앞뒤 맥락을 보면 가족 호칭이 아니라 공동체 내에서 차지하는 위치를 표현하는 말이다. 예수는 '아버지'도 사용해서 안 된다는 말씀을 한다. 다음으로 '스승카테게테스' 역시 공동체 내에서 교사 역할을 하던 이에게 붙여진 호칭이다. 앞의 말씀에서는 호칭 자체가 아니라 예수가 이들 호칭을 금지시킨 이유가 중요하다.

말과 행동이 다르지 않은 분으로서, 예수에게 실제로 차별이란 없었다. 율법에서 정한 의인이 아니라 오히려 죄인들을 따뜻한 눈으로 바라보았던 분이다. 예수에게는 유다인과 이방인 사이의 차별도 없어 시리아 페니키아 이방 여인의 딸을 고쳐주었다(마르 7,24-29 참조). 비단 시리아 페니키아 여인 외에도 예수가 '이런 믿음을 이스라엘에서도 본 적이 없다'라고 하며 칭찬을 아끼지 않은 로마인 백인대장(루카 7,1-10 참조)이나, 예수가 숨을 거두는 현장에서 '이 사람이야말로 정말 하느님의 아들이었구나!'라고 고백한 백인대장(마르 15,39 참조)도 이방인이었다. 그리고 예수에게 남녀의 차별이란 있을 수도 없는 일이었다. 예수는 여성에게도 동등한 교육의 기회를 주었고(루카 10,38-42 참조), 공동체의 살림을 남성들과 나누어 맡겼으며(루카 8,1-3 참조), 여성 역시 떳떳한 부활의 증인으로 삼아주었다(참조: 마르 16,1-8; 마태 28,9-10; 요한 20,14-18). 여성도 남성에 비해 한 치의 손색이 없는 제자였던 것이다.

평등사상이 분명하게 드러나는 곳은 예수와 함께 하는 식탁에서였다. 복음서에 보면 추종자들이 예수를 자기 집에 모셔 식사를 대접했다는 이야기가 종종 나온다. 예수는 바리사이의 초대를 받아들여 식사를 나눈 적도 있었지만(루카 11,37-54; 14,1.12 참조), 세리의 초대에도 선선히 응했다(마르 2,15-17 참조). 어디 그뿐인가. 로마에 빌붙어 유다인을 수탈하는 악명 높은 세관장 자캐오의 초대마저 예수는 받아들였다(루카 19,1-10 참조). 어느 바리사이는 예수가 세리의 집에 초대받아 죄인들과 한자리에 앉아 음식을 나누는 것을 보고 "저 사람은 세리들과 죄인들과 어울려 음식을 먹습니까"(마르 2,16)라고 불만을 표시한 바 있다. 예수는 비록 재야의 인물이었지만 엄연한 야훼 종교의 지도자들 중 하나였으니 의인임이 분명했다. 그런데 죄인들과 한 상에 둘러앉아 음식을 나눈 것은 대단히 파격적인 행동이다. 그런 처사들은 바리사이의 불평을 불러일으키기에 충분했다. 하지만 예수의 입장은 확고했다. "나는 의인들을 부르러 온 것이 아니라 죄인들을 부르러 왔습니다"(마르 2,17).

그리스도인 모두는 동등한 형제자매이며 섬길 분이라곤 오직 아버지 하느님과 스승 그리스도밖에 없다는 뜻이다. 그리스도인들 사이에 어떤 형태로든 계층이 존재해서 안 된다는 말씀이 그렇게 표현되었고 이는 평등의 공동체를 지향하는 발언이다.

바오로의 공동체

사도 바오로는 그리스도인 공동체를 표현하기 위해 더욱 적극적인 용어를 선택했는데 그것이 바로 '교회敎會', 헬라어로 '에클레시아'였다. 그리스도교가 처음 탄생했을 무렵 아직 그리스도인들로 구성된 공동체를 선택적으로 일컫는 호칭이 없었다. 당연히 그럴 수밖에 없었던 것이 그리스도교가 아직 유다교의 일파인지 로마제국에 새로운 종교로 등장했는지 구분이 모호한 상태였기 때문이다. 거기다가 '회당시나고게'이라는 용어는 이미 디아스포라 유다교에서 선점先占했기에 변별력을 주어야 했다. 신약성서에서 '교회'를 뜻하는 낱말인 '에클레시아'는 주로 바오로의 편지에 등장하니 그가 이 단어를 통해 그리스도인 공동체를 규정했다는 사실을 금세 알 수 있다. 하지만 '에클레시아'가 원래 교회를 뜻했던 것은 아니다. 이는 헬라 사회에서 널리 통용되던 용어로, '집회', 혹은 '민회民會'가 보다 정확한 번역이다. 특히, 민회는 직접 민주주의를 실천한 고대 그리스 도시국가에서 신전 앞 광장에 전 시민이 출석한 모임이었다는 사실을 기억해둘 필요가 있다.

'에클레시아'를 통해 바오로가 드러내려 했던 의도를 역추적하는 일은 어렵지 않다. 교회는 마치 모든 구성원이 직접 참여해 공동체의 앞날을 결정했던 도시국가의 에클레시아처럼 주인, 노예, 남성, 여성, 이방인, 유다인 가리지 않고 세례 받은 이라면 누구도 차별받지 않는 공동체여야 한다.

사실 여러분은 모두 그리스도 예수 안에서 신앙으로 말미암아 하느님의 아들들입니다. 그것은 그리스도와 하나가 되는 세례를 받은 여러분이 누구나 그리스도를 새 옷으로 입었기 때문입니다. 이제는 유다인도 없고 헬라인도 없으며, 노예도 없고 자유인도 없으며, 남성이랄 것도 여성이랄 것도 없습니다. 여러분은 모두 그리스도 예수 안에 하나이기 때문입니다. 그런데 여러분이 그리스도의 사람들이라면 여러분은 진정 아브라함의 후손이요 약속에 의한 상속자들입니다(갈라 3,26-28).

바오로의 분류를 보면 그리스인/유다인, 자유민/종, 남자/여자인데, 이는 이미 헬라 세계에서 널리 통용되던 분류를 바탕으로 한 것이다. 일찍이 아리스토텔레스는 격리가 필요한 네 부류의 인간들을 제시했다. 노예는 다른 이의 도구이고, 일찍 죽은 자는 행복하게 오래 살지 못했고, 여자는 비참한 존재라 자비를 필요로 하고, 가난뱅이는 재화가 없어 세상을 살아가기 힘들다고 했다. 말하자면 바오로는 아리스토텔레스가 제시한 네 부류의 불행한 인간들 중에서 두 가지를 취한 셈이다. 그리고 '그리스인과 유다인'은 당시 헬라 세계에서 마치 통념처럼 작동했던 "그리스인과 이방인"(헬레네스 카이 바르바로이)을 염두에 둘 수 있다.

물론 바오로가 당시 헬라 세계의 통상적 기준을 파괴한 것은 대단한 일이다(로마 1,14 참조). 하지만 더욱 중요한 사실은 그리스인과 유다인의 경계를 무너뜨린 일인데 이는 참으로 멋진 발상이다. 유다인은 비록 로마의 통치 아래 허덕이는 처지였지만 종교적 자존심만은 대단했다. 하느님이 직접 손을 뻗쳐 노예의 땅 이집트에서 구해주었다는 선민의식을 갖고 있었기 때문이다. 뼈 속까지 유다인이었던 바오로에게 선민의식은 생명 같은 확신이었으나(갈라 1,14 참조) 이를 한 치의 망설임 없이 포기했다.

바오로는 원래 유다교를 신봉하던 사람인데 어떻게 이런 혁명적인 발상의 전환을 가져왔을까? 답은 자명하다. 역사의 예수로부터 물려받은 이상이 그렇게 표현된 것이다. 이 지점에서 바오로와 예수가 선명하게 만난다. 바오로에게서 세리, 창녀, 어부 등 사회적 약자에게 온 정성을 쏟았던 예수의 숨결이 느껴지지 않는가!

하느님 앞에서 구원의 우선순위 따위는 사라져 마땅하다. 차별을 넘어서 모든 그리스도인이 평등하다는 주장은 바오로가 '은사카리스마'를 설명하는 대목에서 잘 드러난다. 그는 지혜, 지식, 믿음, 치유, 기적, 교사, 식별, 영언, 해석 등 모든 교회 구성원 각자가 받은 은사가 있다는 사실을 지적하고, 이들이 예수를 머리로 한 유기체로서 몸을 이룬다고 한다(1코린 12장 참조). 따라서 유기체인 몸 중 어느 한군데가 아프면 몸 전체에 영향을 끼치기 마련이다. 바오로의 표현에 따르면 "한 지체가 고통을 당하면 모든 지체가 함께 고통을 당합니다. 한 지체가 영광을 받으면 모든 지체가 함께 기뻐"(1코린 12,26)하기에 "우리가 몸에서 천하다고 생각하는 지체일수록 우리는 그것을 그만큼 더 품위 있게"(1코린 12,23) 꾸민다. 공동체 구성원 한 사람 한 사람을 소중한 존재로 여겨야 한다는 뜻이겠다.

과거 교회에서는 특권의식이 자연스러워 사회적·경제적·교육적 혜택이 소수에게만 돌아갔다. 그에 따라 성직자(특히, 주교)와 평신도 사이의 문화 격차는 실로 엄청났다. 그런 역사에 힘입어서였는지 몰라도 오랫동안 교회 내의 민주화란 남의 일처럼 여겨졌다. 세계 대다수 국가에서 민주주의와 평등사상이 당연한 이치로 자리 잡은 오늘날까지도 교회는 여전히 과거식 위계질서를 향한 미련을 못 버리고 있는 실정이다. 그러나 앞서 살펴보았듯이 그리스도교가 처음 시작했던 시절의 상황은 오히려 통쾌했다.

예수는 유다 세계에서 체질화되어 있던 의인과 죄인, 유다인과 이방인, 남성과 여성의 차이를 없애고 모든 이에게 평등한 구원을 선포했다. 바오로 역시 예수의 생각에 십분 부응해 주변 헬라-로마 세계 어디에서도 찾아볼 수 없는 평등의 공동체를 추구했다. 시민-자유민-노예로 이루어진 전형적 계급사회였던 로마제국에서 바오로가 어떻게 그런 용감한 발상을 해냈는지 놀라울 정도다. 이것이 바로 우리에게 필요한 교회 모습이다.

교회의 민주화는 시대의 과제다. 사회문제에 관심을 갖고 온 교회가 힘을 모아 반독재 투쟁을 벌인들 교회의 민주화를 이루지 못하면 요란하게 울리는 꽹과리에 불과하다. 무릇 주교를 비롯한 교회 지도자는 자기 뜻을 관철시키라는 게 아니라 아래의 말을 들으라고 하느님이 선택한 사람이다. 이제 한국 교회의 어른들은 교회의 민주화를 요구하는 아래로부터의 소리에 귀를 기울여야 한다. 안 그러면 권위적인 교회에 실망한 그리스도인들이 떠난 자리에 고색창연하고 텅 빈 성당 건물만 남게 될 것이다. 한때 기세등등했던 유럽 교회의 전철을 밟지 않으려면 반드시 기억해야 한다. 그리스도교의 시작이 평등이었음을!

예루살렘 입성 때 군중의 환호에 질려버린 바리사이들이 "선생님, 제자들을 꾸짖으십시오" 하고 말하였다. 그러나 예수는 대답했다. "그들이 잠잠하면 돌들이 외칠 것입니다"(루카 19,40) 주변부에 놓여 억압받는 자들에게서 넘쳐흐르는 역전逆轉의 기운이 그렇게 표현된 것이다.

예수의 예루살렘 입성(장 레옹 제롬)

에필로그

바오로는 그리스도교 역사에 주어진 선물이다

그리스도교는 볼품없는 땅 팔레스티나에서 시작되었다. 하지만 거기에 머무르지 않고 지중해권 전역으로 퍼져 나가 광활한 로마제국을 아울렀다. 다양한 원인들 중 하나로 그리스도인들이 유다교로부터 받은 박해를 꼽을 수 있다. 사실 제도권 유다교 입장에서는 사이비 신앙의 창시자인 예수를 처단한 전력이 있기에 그 추종자들을 용인할 수 없었을 터다. 그렇게 자기가 살던 땅을 떠나야 했던 이들은 새로 옮겨간 곳에서 삶의 터전을 마련해나갔다. 사도행전 11장 19-26절의 안티오키아 교회가 그 최초의 역사다.

이와 비슷한 역사가 후대 교회에서도 발견된다. 종교개혁이 일어났던 16세기, 프랑스에서 끔찍한 사건이 터졌다. 1572년 성 바르톨로메오 축일에 벌어진 학살은 전례를 찾아볼 수 없을 정도로 잔혹했다. 가톨릭 군대가 위그노(칼뱅파 신교도)들을 파리 시내에서 삼천 명이나 처단했고 그 불똥이 지방까지 번져나가 프랑스 전역에 칠만 명 가까이 희생되었다고 한다. 그 일로 '낭트 칙령'(1598년)이 내려져 위그노에게 신앙의 자유가 주어졌으나 절대군주 루이 14세(재위 1643-1715)가 등장해 낭트 칙령을 폐지(1685년)하면서 다시 한 번 개신교에 대한 박해가 일어났다. 일련의 사건들로 위그노들은 대거 프랑스를 떠나 유럽 각국으로 옮겨갔다.

위그노들이 갖는 최고의 자산은 지식과 도전 정신이었다. 훌륭한 교육과 새로운 경제 윤리로 무장한 그들은 줄기차게 자신들의 입지를 다져 나가 유럽 국가들과 바다 건너 미국에서까지 종교, 생산, 금융, 교육, 문화 등 전 분야에 걸쳐 발군의 실력을 보여줬다. 또한 이주민을 받아들인 데는 각 나라의 개방적인 사고가 한몫 단단히 했다. 위그노의 프랑스 탈출과 타국으로의 유입은 유럽 근대화의 초석이라 해도 과언이 아니다. 이는 막스 베버의 『프로테스탄티즘의 윤리와 자본주의 정신』의 배경이 되는 역사이기도 하다.

그리스도교의 초기 모습도 비슷했다. 본토에서 냉대 받은 그리스도인들은 로마제국으로 뻗어나가 정착했다. 이들은 종교, 철학, 문화, 경제, 윤리 분야 등에 활발하게 진출해 자신들의 영향력을 넓혔고 마침내 많은 도시에 그리스도인 공동체를 세울 수 있었다. 이렇게 제국 곳곳에 자리 잡을 수 있었던 이유는 그리스도교의 탁월한 가르침이 로마 사회에 신선한 충격을 던져주었기 때문이다. 더군다나 교회가 서열

위주의 케케묵은 조직이 아니라 어떤 인재라도 흡수할 수 있는 개방적 공동체였기에 가능한 일이었다. 그 시절의 그리스도교는 분명 세상을 바꿀 힘을 갖고 있었다. 위그노의 역사는 1세기 교회 역사의 재현이다.

복음을 전했던 유랑 전도사들은 예수의 가르침과 그분이 갖는 의미를 알리기에 여념이 없었다. 그러나 전도사들 각각의 이해력과 표현력 그리고 소속 공동체의 사정이 달랐던 터라 신학도 들쑥날쑥 마치 세공되지 않은 다이아몬드처럼 거칠었다. 그러나 모든 유랑 전도사들은 능력이 닿는 한 최선을 다했을 테고, 그 점 믿어 의심치 않는다. 비록 바오로가 동료 전도사들 중 몇몇을 가리켜 "이들은 가짜 사도들이요 속여먹는 일군들이며, 다만 그리스도의 사도로 가장하고 있을 뿐입니다"(2코린 11,13)라며 험담을 늘어놓지만 그 말이 곧이곧대로 믿기지 않는다. 왜냐하면 필립1,15-18에는 오히려 적수들을 인정하는 모습도 등장하기 때문이다. 사도의 성격이 워낙 다혈질이라 그랬을 수도 있고 말이다. 하지만 누가 뭐라 해도 바오로는 유랑 전도사들 중 으뜸이었다.

당시 로마제국에서 시민계급은 백 명 중 한 명꼴이었다. 바오로는 상위 1퍼센트에 속하는 태생 로마 시민으로 예루살렘 유학길을 떠났고 히브리어, 헬라어, 라틴어에 정통했으며 우수한 머리와 뛰어난 필력의 소유자였다. 게다가 지치지 않는 열정까지 갖춰 해발 삼천 미터의 안티타우루스 산맥을 두 번이나 넘나들었다. 가시로 찌르는 듯 고통을 안기는 고질병(2코린 12,7-8) 따위가 그의 앞길을 막을 수 없었다.

지금까지 스무 가지 주제를 살펴보았고 이를 통해 선배들이 이천 년 전에 남겨놓은 신앙의 궤적을 좇을 수 있었다. 그중 사도 바오로는 예수님의 가르침을 누구보다 잘 이해했으며 어떤 이보다 정교하게 교회로 전달한 인물이다. 그러니 오늘날 그를 폄하하려는 모든 시도는 헛되다. 바오로는 그리스도교 역사에 주어진 큰 선물이었다. 자신 있게 내릴 수 있는 결론이다.

요즘 한국 그리스도교는 여러 방면에서 죽을 쑤고 있다. 우리가 예수와 1세기 교회를 공부해야 할 이유는 넘치고 남는다.

지도 보기

★데카폴리스와 아스칼론은 시리아 지방 로마총독의 지배 하에서도 독립지역으로 존재하였다.

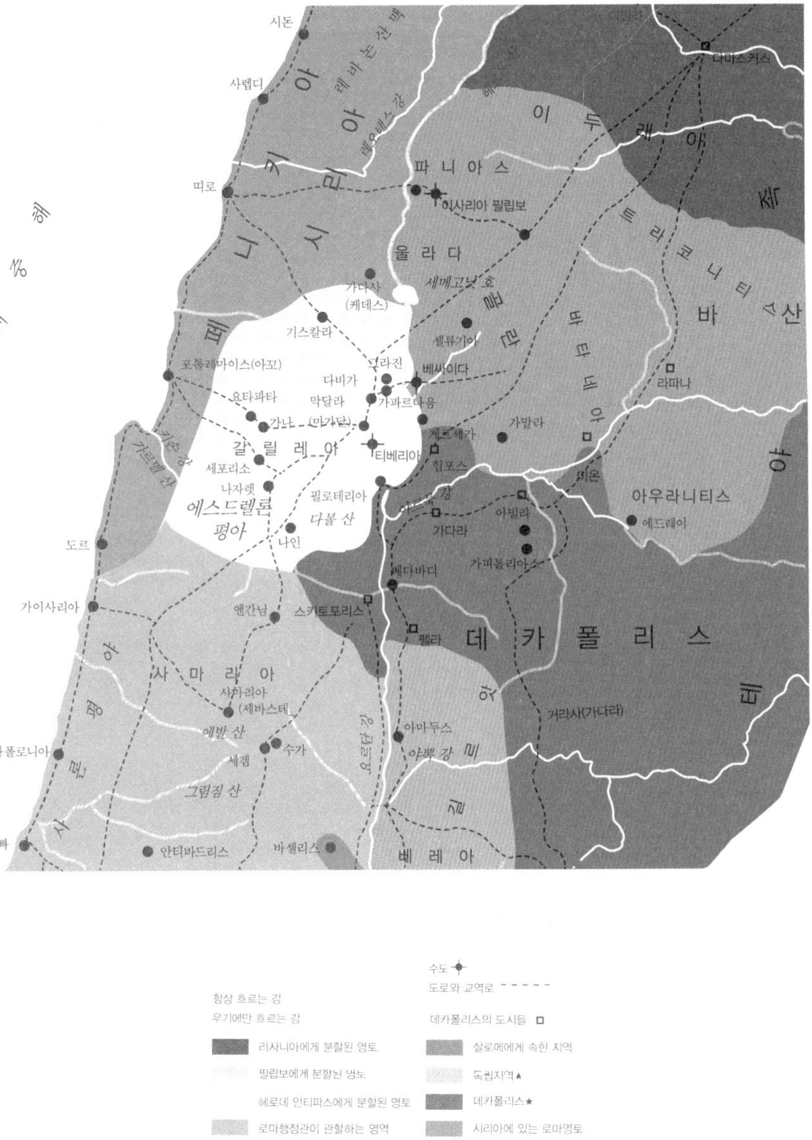

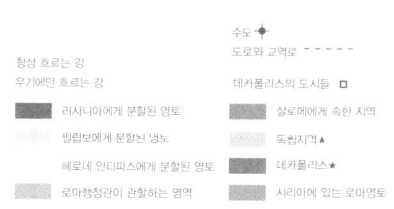

예수시대의 팔레스티나

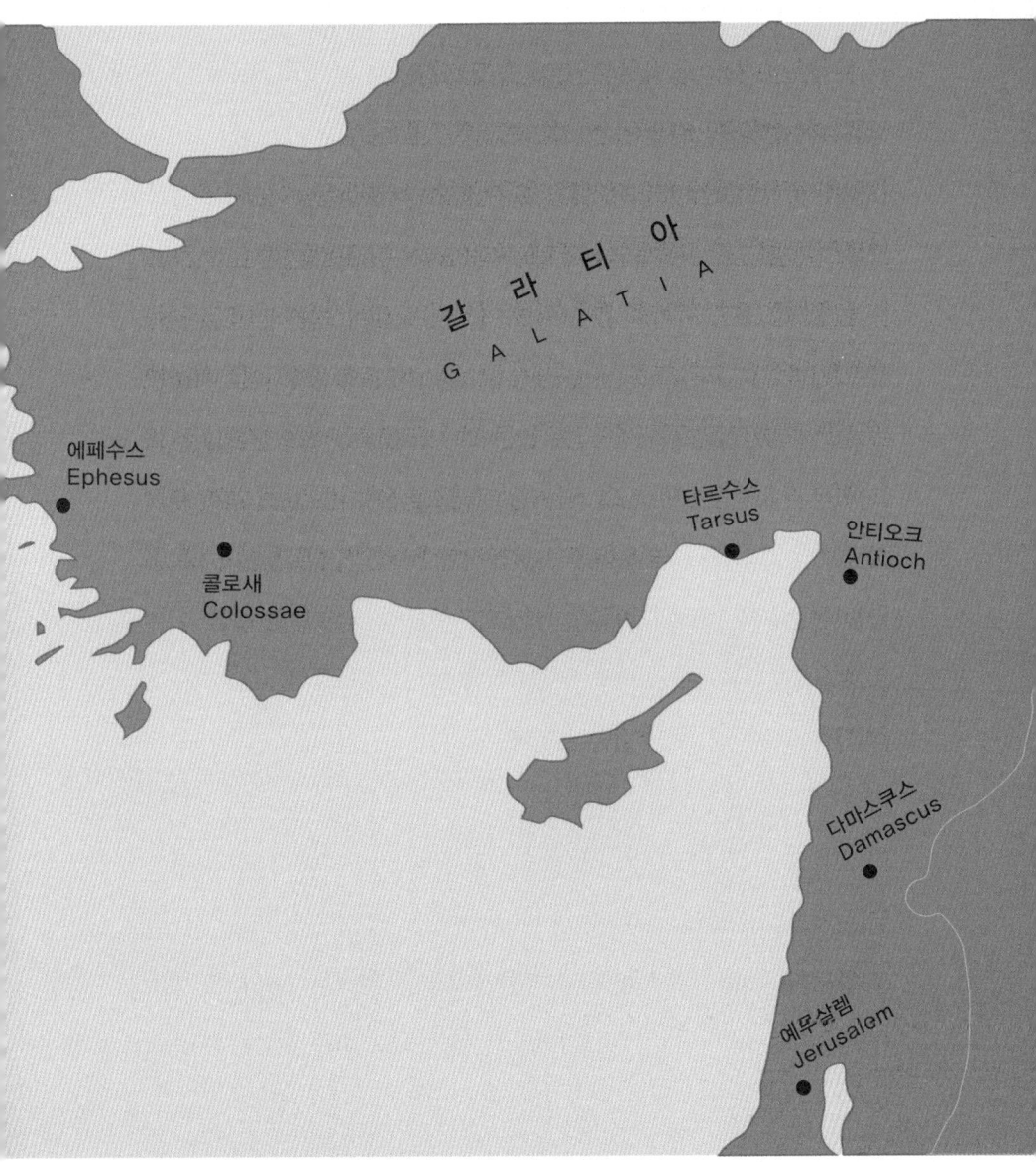

바오로의 선교지(예루살렘에서 로마까지)